国家出版基金项目
NATIONAL PUBLICATION FOUNDATION

新技术法学研究丛书

丛书主编：张保生 郑飞

数"矩"：数据时代的法律挑战与回应

张玉洁 —— 著

中国政法大学出版社

2025·北京

图书在版编目（CIP）数据

数"矩"：数据时代的法律挑战与回应 / 张玉洁著. -- 北京：中国政法大学出版社, 2025. 1. -- ISBN 978-7-5764-1878-1

Ⅰ. D922.174

中国国家版本馆 CIP 数据核字第 2024TL1551 号

	数"矩"：数据时代的法律挑战与回应
书　名	SHU "JU"：SHUJU SHIDAI DE FALÜ TIAOZHAN YU HUIYING
出版者	中国政法大学出版社
地　址	北京市海淀区西土城路 25 号
邮　箱	bianjishi07public@163.com
网　址	http://www.cuplpress.com（网络实名：中国政法大学出版社）
电　话	010-58908466(第七编辑部) 010-58908334(邮购部)
承　印	固安华明印业有限公司
开　本	720mm×960mm　1/16
印　张	13
字　数	200 千字
版　次	2025 年 1 月第 1 版
印　次	2025 年 1 月第 1 次印刷
定　价	68.00 元

总　序

　　21世纪以来，科技迅猛发展，人类社会进入了新技术"大爆发"的时代。互联网、大数据、人工智能、区块链、元宇宙等数字技术为我们展现了一个全新的虚拟世界；基因工程、脑机接口、克隆技术等生物技术正在重塑我们的生物机体；火箭、航天器、星链等空天技术助力我们探索更宽阔的宇宙空间。这些新技术极大地拓展了人类的活动空间和认知领域，丰富了我们的物质世界和精神世界，不断地改变着人类社会生活的面貌。正如罗素所言，通过科学了解和掌握事物，可以战胜对于未知事物的恐惧。

　　然而，科学技术本身是一柄"双刃剑"。诺伯特·维纳在《控制论》序言中说，科学技术的发展具有为善和作恶的巨大可能性。斯蒂芬·霍金则警告，技术"大爆炸"会带来一个充满未知风险的时代。的确，数字技术使信息数量和传播速度呈指数级增长，在给人类生产和生活带来信息革命的同时，也催生出诸如隐私泄露、网络犯罪、新闻造假等问题。克隆技术、基因编辑等生物技术在助力人类攻克不治之症、提高生活质量的同时，也带来了诸如病毒传播、基因突变的风险，并给社会伦理带来巨大挑战。

　　奥马尔·布拉德利说："如果我们继续在不够明智和审慎的情况下发展技术，我们的佣人可能最终成为我们的刽子手。"在享受新技术带来的便利和机遇的同时，提高风险防范和应对能力是题中应有之义。我们需要完善立法来保护隐私和知识产权，需要通过技术伦理审查确保新技术的研发和应用符合人类价值观和道德规范。尤为重要的是，当新技术被积极地应用于司法领域时，我们更要保持清醒的头脑，不要为其表面的科学性和查明事实真相方面的精确性所诱，陷入工具崇拜的泥潭，而要坚持相关性与可靠性相结合的科学证据采信标准，坚守法治思维和司法文明的理念，严守司法的底线，不能让新技术成为践踏人权的手段和工具。

不驰于空想，不骛于虚声。在这样一个机遇与挑战并存的时代，我们应以开放的胸襟和创新的精神迎接新技术带来的机遇，也需要以法治理念和公序良俗应对新技术带来的挑战。弗里德里奇·哈耶克曾反思道："我们这一代人的巨大不幸是，自然科学令人称奇的进步所导致的人类对支配的兴趣，并没有让人们认识到这一点，即人不过是一个更大过程的一部分，也没有让人类认识到，在不对这个过程进行支配，也不必服从他人命令的情形下，每一个人都可以为着共同的福祉做出贡献。"因此，在新技术"大爆发"的新时代，我们需要明确新技术的应用价值、应用风险和风险规制方式。本丛书的宗旨就在于从微观、中观和宏观角度"究新技术法理，铸未来法基石"。阿尔伯特·爱因斯坦说过："人类精神必须置于技术之上。"只有良法善治，新技术才能真正被用于为人类谋福祉。

张保生

2023 年 12 月

序

随着数字技术的不断发展，"数据"应用引发了现代社会的观念变革。以数据流痕为代表的"存在观"、以大数据分析为导向的"社会观"以及以数据安全为重心的"国家观"，逐渐从虚拟空间向现实空间浸润，进而改写了启蒙时期以来的现代性社会秩序。其中，作为逻辑起点和价值根基的"人的理性"，也不得不面对"技术理性"的时代挑战。由此使得"数据法治"成为当前法学研究的一个核心命题。

"数据法治"是包含原理机理、规则框架和价值原则的综合体系，它不仅需要人的理性支撑，也需要技术理性的加持。其焦点在于数据的人格权属性和财产权属性的交叉重叠。换句话说，技术理性究竟属于"人（格）的理性"的技术延伸，还是一种独立于"人的理性"的全新理性形态？对此，《数据安全法》[1]将"数据"定义为"任何以电子或者其他方式对信息的记录"。从这一定义可以发现，《数据安全法》并没有执着于数据的人格权和财产权之争，而是聚焦于数据的表现形式——信息记录。这就为法学界提供了一个人格权和财产权之争的制度空间：数据是关于（个人）信息的记录。一方面，"记录"体现了数据的"价值中立性"。无论数据内容为何，它都是一个（真实或者虚假）信息的载体。信息载体可以多种多样，却是价值中立的，或者说价值无涉的。但是，倘若对信息载体的破坏行为导致了信息本身的损坏或丢失，那么该行为就应当纳入"数据法治"的治理领域之下。另一方面，记录的"信息"承载着某种能够实现

---

[1] 为表述方便，本书中涉及的我国法律法规直接使用简称，省去"中华人民共和国"字样，例如《中华人民共和国数据安全法》简称为《数据安全法》，全书统一，不再说明。

交流、达意的内容。这种内容既可能影响他人的人格权，也可能带来市场利益——这是《数据安全法》同 "数据法治" 命题保持一致的交叉点——但 "人的理性" 显然不是 "技术理性"。所以，"数据法治" 命题的核心意义不是去区分数据或信息是什么，而是讨论现代法治在对待 "数据" 的态度上究竟走向何方？抑或实现 "人的理性" 和 "技术理性" 的共存融合。这种将 "数据" 和 "（个人）信息" 统归于 "数据法治" 命题开展研究，在很大程度上可以弥补现代法治作为 "人的理性" 之治的一些局限，也可以用来解释 "数据所有权" 为何争论不止。上述讨论可以在法治现代化视角下简化为一个更为直接的命题式追问：数据如何法治？

围绕着 "数据如何法治" 这一深层次命题，本书作者分别从 "上" "中" "下" 三篇的结构展开论述。其中，"数据权属的法律论争" 篇主要是就当前学界的 "数据的人格权和财产权之争" 展开论述，创新性地提出了 "数据资源归国家所有" 的所有权确权模式，并借助《宪法》中的 "公共财产" "分配正义" 等条款明确了该确权模式的操作方案。"数据资源交易模式的法治化建构" 篇致力于数据资源市场流通的规范化。在市场机制的作用下，数据资源交易的法治化应当满足市场规律的基本要求，即 "对价—补偿"。根据该模式，提出我国的数据资源交易体系应当建立数据资源分类规制体系，完善市场准入条件，构建数据资源交易规则体系，做好数据资源交易的公法规制，加强 "核心数据" 犯罪的刑法治理。而在 "个人信息类数据的法律讨论" 篇，作者对当前《个人信息保护法》下的个人信息保护中的问题与不足提出了相应的完善措施，尤其是提出了完善公民个人信息民事公益诉讼机制。

上述对 "数据如何法治" 命题的讨论，从国家、社会、市场、个人四个维度上讲清楚了一个问题："数据法治" 是现代法治的系统性变革，而不是传统法治的 "小修小补"。无论是从国家、社会，还是从市场主体和个人的视角来加以观察，"数据法治" 都必须理顺 "人的理性" 和 "技术理性" 的内在关系。当然，《数据安全法》的出台，填补了我国数据治理缺乏基础性法律的空白。但它只是一个起点，或者说只是确立了一个数据 "玩家" 不可踏入的领域。在国家安全的基础上，数据与法治的交叉点在哪里？"数据法治"将引领数据走向何方？这一系列问题仍等待法学界和实务界的回答，中国学者一直在尝试走出自主性的法学道路，并向世界分享"中国智慧"和"中国方案"。本书作为青年学者的创新之作，就是这样一个重要的学术努力。

当然，本书还存在进一步讨论和研究的问题，比如"数据法治"如何纳入数字法治体系、"数据法治"中的数字权利和数字正义问题等，而这些问题也恰恰为作者今后的持续深化研究提供了广泛的空间，期待青年学者有更多更好的创新成果面世，为中国自主性法学知识体系建构做出自己的贡献！

是为序！

华东政法大学教授、博士生导师

数字法治研究院院长

2024 年 8 月于青岛

目 录

上 篇 数据权属的法律论争

中 篇 数据资源交易模式的法治化建构

下 篇 个人信息类数据的法律讨论

上　篇

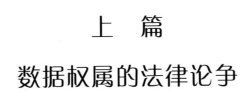

数据权属的法律论争

第一章
数据资源确权的理论论争及法治难题

一、数据资源确权的时代背景

随着互联网的普及与发展,以搜索引擎、聊天软件、电子商务平台为主导的"信息革命",[1]正在极大地改变着人们的生活(生产)状态、行为方式以及社会关系,并促使人们在身份互联的基础上,逐渐步入"数据互联"时代。尤其是在市场经济的作用下,数据不再是人们网络行为的"遗迹",而是与人身、财产有着紧密联系的资源。为此,党的十九届四中全会强调,要"加强数据有序共享","健全劳动、资本、土地、知识、技术、管理、数据等生产要素由市场评价贡献、按贡献决定报酬的机制"。可见,"数据互联"时代下数字市场变革,开始改变国家层面对于数据价值、数据使用以及数据流通的传统定位。但吊诡的是,数据的市场化变革并未确立其市场化基础,至少在网络平台与网络用户之间未能明确数据的具体权属问题,[2]从而影响后续的数据定价、数据使用、数据流通等环节。

目前,学术界与实务界将数据权属争议聚焦于公民所有、平台所有以及公民与平台共有三种权属分配模式。[3]其中,公民个人隐私数据属于公

---

[1] Eduardo Magrani, "Threats of the internet of things in a techno-regulated society: a new legal challenge of the information revolution", 9 *International Journal of Private Law*. 2018(1/2).

[2] 参见刘新宇:"大数据时代数据权属分析及其体系构建",载《上海大学学报(社会科学版)》2019年第6期。

[3] 丁晓东:"数据到底属于谁?——从网络爬虫看平台数据权属与数据保护",载《华东政法大学学报》2019年第5期。

民个人所有，已经得到学术界与实务界的普遍认可；而网络平台完全依靠自身劳动而获得的原始数据，网络平台同样享有完整的所有权。只有那些"经由网络用户写入，而由网络平台控制"的非隐私类公共集合数据（如外卖网络平台的数据），才成为当下数据权属争议的核心。当下学术界往往将这类数据权属争议归纳为处于不同主体"竞争中的核心资产"，[1]却未将焦点问题上升到"数据资源"这一宏观问题上来，更没有把它放在"数据经济"所引发的整体性社会变革上来加以审视。因此也很难制度性地回应数据权属所带来的"宏观问题"和"体系问题"。在此需要明确的是，"数据"与"数据资源"分属两个不同概念。前者"限于在计算机及网络上流通的，在二进制的基础上，以 0 和 1 的组合而表现出来的比特形式，以此区分于日常生活中各种纸面统计数据，也区别于以文字、图像或视频等形式显示的信息"。[2]而后者是指以数据分析为目的，对公共数据加以收集、整理、归类而形成的数据集。[3]因此，那些经由公民参与网络活动而产生，进而被网络平台（包括公共服务类网络平台和商业性网络平台等）所控制的数据资源，才属于本书所讨论的"数据资源"范围。而基于商业秘密形成的数据集，因缺乏公共性而未被纳入本书所称的"数据资源"之列；基于非法获取个人信息而形成的数据集，因缺乏公开意愿，也未被纳入"数据资源"中加以讨论（即便上述两类数据集同样具备"资源性"价值）。

数据资源权属与市场体制变革是一个过于宏大且复杂的论题，很难对此展开详尽的实践考察。但当前可以围绕"数据资源归国家所有"这一宏观问题，来分析数据治理下的不同所有权制度的差异。在制度经济学语境下，这种差异往往用来判断产权制度与市场运行本身的适恰性。而借助比较分析方法，"数据资源归国家所有"的所有权路径可以为法学界提供一

---

〔1〕 丁晓东："数据到底属于谁？——从网络爬虫看平台数据权属与数据保护"，载《华东政法大学学报》2019 年第 5 期。

〔2〕 梅夏英："数据的法律属性及其民法定位"，载《中国社会科学》2016 年第 9 期。

〔3〕 参见高富平："数据流通理论 数据资源权利配置的基础"，载《中外法学》2019 年第 6 期。

种独立于市场竞争和意识形态的全新解读，进而获得一个符合公共利益且符合市场规律的结论，即数据资源的完全市场化无助于保护公民合法权益（乃至国家网络安全）；而"数据资源归国家所有"不仅为国家干预数据市场提供合法性基础，更能够在网络平台与社会公众之间实现数据收益的公平分配——在数据资源的网络平台所有和公民所有两种权属分配模式下，数据收益的公平分配被忽视了——这也意味着，"数据资源归国家所有"并非一种理论预设，而是下文所呈现的必然结果。

二、数据资源确权的理论困境

数据资源的权属争议，在某种程度上可以视为网络社会的原始状态。其权属确定，既是当今世界各国对数据市场发展的基本回应，同时也是科技进步留给各国法律体系的共同难题。[1]从美国到欧盟，诸多国家（地区）都试图对"数据资源"的权属提供法律依据。这些国家（地区）或者将"数据资源"视为网络用户集体行动的产物，归网络用户所有；或者认为它是网络平台与网络用户"服务协议"的衍生品，并基于合同约定而归属网络平台所有。但无论是哪一种权属分配方案都暗示，只有在网络参与者之间达成数据资源权属分配，才是解决数据资源权属争议及后续市场化流通的可能路径，且没有其他更好的路径。然而，"技术为人类带来了福祉，但同时，人类也从未停止过对技术的理性批判"。[2]数据资源权属的学术论争与各国立法分歧表明，"数据资源归用户所有"与"数据资源归网络平台所有"两种方案各有利弊，且都不乏支持者。为了验证哪种方案更优，我们不妨看看每一种方案如何抑制自身的缺陷，从而以社会损失最小化结果来赢得竞争力。

在我国，以数据为关键要素的数字经济建设有助于发挥数据的资源性优势，激发数据市场活力，但数据要素的市场化流通也面临着个人信息保

---

〔1〕 参见付伟、于长钺："数据权属国内外研究述评与发展动态分析"，载《现代情报》2017 年第 7 期。

〔2〕 李彦、肖维青："翻译技术的理性批判：工具理性与价值理性的冲突与融合"，载《上海翻译》2018 年第 5 期。

护的法律困境。目前，数据安全与个人信息保护都是我国网络安全法律领域的研究重点，特别是在数据资源得到开发与应用之后，国内学术界对数据安全法律问题的著述尤多。但数据资源不同于数据，前者是指容量大小超出一般数据软件所能采集、存储和分析的数据集。它具有大量、多样、快速、价值密度低、复杂度的特征。[1]而后者——数据，则是指在互联网及其计算机载体上以二进制为基础，通过 0 和 1 的组合方式加以表现的信息形式。[2]鉴于数据资源与数据的显著区别，占据"大量"要素但缺乏"技术分析"要素的侵犯他人信息数据案件，不在本书探讨范围之内。为了更为清晰地展现我国数据资源研究的基本情况，笔者以"中国知网"数据库为检索源，采用精确度递增的方式，对"数据资源""数据资源保护""网络平台"3 个关键词进行交叉检索，并在排除非法学数据的基础上，分别获得"1552""386""17"个有效检索结果。从检索结果的具体构成来看，我国法学界对数据资源法律问题的研究始于 2013 年，并呈现出数量递增、领域渐宽的趋势。

目前，国内学术界关于"以数据为关键要素的数字经济建设"研究，便围绕上述数据保护冲突而展开：（1）数据要素产权（所有权）问题。目前，我国的"数据确权"往往发生在网络参与者之间。数据要素或者归网络用户所有，或者归属于网络平台所有，或者归两者共有。但上述三种产权确权方案并未推动数字经济的快速发展，反而引发了网络平台与网络用户的大量纠纷。（2）数字经济建设与公民个人信息保护的平衡问题。《民法典》对个人信息的明确保护，要求国家、数据经营者必须承担起个人信息保护的职责。但个人信息保护必将影响数据要素的有序分享、高效流通以及国家数据安全。（3）数据要素的市场化流通与公共福祉问题。数据控制者能够通过对数据的直接控制而获得商业利益，但对于国家和公民而言，公共福祉并未提升。为此，数字经济建设应当推动国家、企业、公民

---

〔1〕 参见刘鹏、吴兆峰、胡谷雨："大数据——正在发生的深刻变革"，载《中兴通讯技术》2013 年第 4 期。

〔2〕 参见程啸："论大数据时代的个人数据权利"，载《中国社会科学》2018 年第 3 期。

的共享收益。(4) 数据要素市场的分类和管理，提高各产业体系中原有要素的价值转化效率，进而促进生产效率的提升。[1]详述如下。

在国外，数据要素的市场化经营的经济学理论可以追溯到加勒特·哈丁 (Garrett Hardin) 的"公地悲剧"理论 (Tragedy of the Commons)，[2]即数据"私有化"与"公益化"的相互冲突。而数据的确具有私有化的特点。数据的所有权归数据的产出者所有，是否开放这些数据、以什么方式开放、在什么范围内开放，全是数据产出者基于自身情况考虑的问题。[3]同时，数据的所有权又不属于个人、企业等任何"私的主体"，表现为一种公有产权。各个不同主体应当把各自掌握的数据交给一个专门设置的公共机构，由这个机构根据科学研究等公益目标来判断是否开放，以及决定通过什么样的方式在什么范围内开放。

上述研究集中反映了国内外法学界的努力，但也存在薄弱点。例如，忽视了数据流通中的国家数据安全；实证研究不足；未能回应"数字经济"时代的国家治理变革。为此，从"数据资源归国家所有"的视角，对数据要素的经济体制建设与所有权配置问题加以深度审视、理论回应和策略应对，能够有效推进"数据有序共享"。

三、数据资源权属的现实争议

(一) 数据资源归用户所有及可控性难题

数据资源归用户所有的权属分配模式，肇始于数据内容的人格权属性以及数据生成后的稀缺性价值。[4]前者被视为"数据"的实质要素，并同网络用户的人身可识别性紧密关联。而后者则反映出"数据"的形式要素，表明该数据在整个网络社会中的财产性定位。有财产必须有所有权人。

---

[1]　参见孔艳芳、刘建旭、赵忠秀："数据要素市场化配置研究：内涵解构、运行机理与实践路径"，载《经济学家》2021 年第 11 期。

[2]　Garrett Hardin, "The tragedy of the commons", 162 *Science*, 1968 (3859), pp. 1243-1248.

[3]　Yijing Xia, "Dilemma and Breakthrough: Necessity and Legitimacy of Establishing Property Rights for Data Products", 4 *International Business & Economics Studies*, 2022 (2), pp. 96-101.

[4]　参见闫立东："以'权利束'视角探究数据权利"，载《东方法学》2019 年第 2 期。

既然数据属于用户网络行为的"天然孳息"，[1]那么该数据的所有权自然应当属于该网络用户。由此推之，无论是基于实质要素，还是基于形式要素，网络用户都构成"数据"的逻辑起点。即便面对"经由网络用户写入，而由网络平台控制"的非隐私类数据，网络用户"数据写入"的思想创造与劳动参与，也能够印证"数据资源归用户所有"权属分配模式的合理性。在此逻辑的支配下，数据资源作为"数据"的集合体，自然应当归网络用户所有，而且是该网络平台全体用户所有。这一权属分配模式已经在欧盟《通用数据保护条例》（General Data Protection Regulation，GDPR）中获得立法认可，并明确网络用户有权从网络平台获取其提供的相关个人数据。

就虚拟财产与天然孳息的法定范围而言，"数据资源归用户所有"权属分配模式无疑推动了"物权"理论的发展，但也会因控制不力而阻碍物权价值的实现。这是因为，传统物权理论是针对有体物所设定的所有权，并且对物权的形成设置了三个条件：（1）可控性；（2）有价性；（3）排他性。即便是社交平台账号、无线电频谱等虚拟财产的物权（或称"无体物物权"），[2]也未实质性地改变上述物权理论所设定的权利条件。但"数据资源归用户所有"权属分配模式却违背了物权的"可控性"条件。具言之，"数据资源归用户所有"在法律层面肯定了网络用户对数据资源的所有权，但数据资源的实际控制者却是网络平台，从而导致数据资源所有者与控制者的分离，所有者甚至无法对自有数据施加影响。对此，或许有学者会以"汽车租赁""无线电频谱租赁"提出反例，证明所有者与控制者的分离，不一定会丧失物权的控制，反而可能获得额外收益。然而，反例只证明了所有者与控制者之间的物权租赁与增值关系，而忽视了所有者内部的结果性差异。"汽车租赁""无线电频谱租赁"中的物权所有者往往是明确的公民或法人，主体数量确定且容易达成一致意见。而在"数据

---

〔1〕 陈本寒："孳息界定的立法缺失及其完善"，载《烟台大学学报（哲学社会科学版）》2019 年第 6 期。

〔2〕 参见孔得建："论无线电频谱资源的物权客体属性——兼评《物权法》第 50 条之规定"，载《上海政法学院学报（法治论丛）》2012 年第 3 期。

资源归用户所有"权属分配模式下，数据资源的物权属于不特定的多数人（大型网络平台的用户会达到 1000 万人以上）。

在所有者数量庞大却价值多元化的情况下，单一交易决策很难形成统一意见；即便能够形成统一意见，也会存在时间成本过高、谈判成本过大、经济效益差等缺陷；倘若以代表制的方式解决决策难题，那么代表选举、代表监督、收益分配等问题又将增加网络平台的运营成本；即使以"用户所有+委托平台经营"或者"用户与平台共有"两种方式来开展数据流动活动，也无法解决收益的公平分配问题。由此观之，"数据资源归用户所有"权属分配模式或许符合物权形成的形式要素，[1]却无力解决用户物权背后的"可控性"难题与物权增值难题。对于数据资源的市场化流动而言，其作用无疑是反向的。

（二）数据资源归网络平台所有及用户权利保障难题

在市场经济视角下，"数据资源归网络平台所有"并非"数据资源归用户所有"权属模式竞争力不足的折中结果，而是网络平台基于数据管理投入与"网络服务协议"所取得的应然回报。其中，数据管理投入会面临网络用户"数据写入"知识投入的诘问，进而无法获得独立的权属认定。唯有"网络服务协议"才是"数据资源归网络平台所有"的核心依据。其实质是网络平台与网络用户之间的服务合同，用于约定双方的权利义务责任。[2]例如，在脉脉非法抓取使用新浪微博用户信息案中，《脉脉服务协议》就以合同的方式明确了"数据"的所有权。该协议规定："用户通过新浪微博账号、QQ 账号等第三方平台账号注册、登录、使用脉脉服务的，将被视为用户完全了解、同意并接受淘友公司已包括但不限于收集、统计、分析等方式使用其在新浪微博、QQ 等第三方平台上填写、登记、公布、记录的全部信息。用户一旦使用第三方平台账号注册、登录、使用脉脉服务，淘友公司对该等第三方平台记录的信息的任何使用，均将被视为已经获得了用户本人的完全同意并接受。"受到网络服务与社会交往需求

---

〔1〕　刘建刚："数据权的证成"，载《北京政法职业学院学报》2016 年第 4 期。

〔2〕　参见姚黎黎："网络服务协议订立的法律规制"，载《科技与法律》2016 年第 6 期。

的驱动，用户往往会同意（或者"无视"）上述协议中的不利条款，并基于"合同双方的合意"而放弃己方的数据权益，承认网络平台的数据所有权。当网络平台控制的数据规模够大，足以形成市场交易价值时，网络平台就从"数据的控制者"转变为"数据资源的所有者"。这样，"数据资源归用户所有"权属分配模式的"可控性"难题，在数据资源归属于网络平台所有之后便迎刃而解了。即便是后续的数据增值问题，也在网络平台的公司化运营下得到了有效保障。

然而，"数据资源归网络平台所有"的"协议"合法性，一方面掩盖了网络平台"协议权利"的扩张现象，另一方面则以"用户授权"遮蔽了用户权利保障难题。一般认为，协议的订立是两方或多方平等主体之间基于合意而达成的权利义务责任分配结果。其"分配依据是契约缔结之前立约者的实力对比状况，立约者的实力强弱与其享有的权利成正比，而与其承担的义务成反比"。[1]因此，在网络服务协议中数据资源权属分配上，小型网络平台更注重吸引用户，故数据资源权属分配更加保守，也更加注重保护公民权利；而大型网络平台往往属于优势方，数据资源权属主张更加强势，公民的协议权利范围也会受到同步抑制。按照当前网络平台的运营逻辑，前者暂时不会寻求（也不存在）数据资源的所有权，但会在市场实力强大后，通过平台软件更新换代的方式来重新签订协议。但当前的大型网络平台已经掌握了数据资源分配的决定权。[2]由此观之，网络平台"协议权利"的持续扩张，正在网络社会形成一种"私权力"的治理结果，即"基于技术资源、平台资源的优势，在代码规则下，用户拥有的选择自由只限于退出的自由。在使用中只能接受网络应用服务提供方设定的

---

〔1〕 桑本谦："论契约的不平等"，载《浙江社会科学》2004年第1期。

〔2〕 例如，在"今日头条与微博之争"之后，新浪微博发布的《用户服务协议》中规定，"用户在微博上发布的信息，包括但不限于文字、图片视频、音频等，不论微博内容是否构成著作权法意义上的可保护客体，用户同意不可撤销地授权微博平台作为微博内容的独家发布平台，用户所发表的微博内容仅在微博平台上予以独家展示"。尽管该协议因社会舆论压力而修改，但仍然强调微博平台对数据转移行为享有优先同意权。参见"新浪微博：未经微博书面许可，用户不得授权第三方用微博内容"，载 http://www.sohu.com/a/192382481_260616，最后访问日期：2022年2月11日。

规则"。[1]网络平台与网络用户之间的权利对抗关系，也愈加表现为"私权利"对"私权力"的服从关系，公民权利保障难题也将进一步恶化。为此，网络平台基于"网络服务协议"而取得的数据资源所有权，只是创造了一种形式合法性假象，却无法回应公民权利平等保障这一社会性命题。换句话说，在数据资源权属分配的公平性上，除非出现更为强大的第三者，用于保障缔约双方的权利义务适度，并为了维持这种适度状态而支付成本（甚至获得成本补偿），否则"数据资源归网络平台所有"的权属分配模式只会引发网络社会的各种"垄断""专制"。

　　以上两个方面的论争表明，我国数据资源法律属性问题之争尚未形成一致的观点。但探明数据资源的法律属性，是厘清网络平台视域下数据资源法律定位的基础，无论是对于立法还是司法而言，必须加以明确。

---

　　〔1〕　参见周辉：《变革与选择：私权力视角下的网络治理》，北京大学出版社 2016 年版，第 53 页。

第二章
数据资源的法律定位

随着网络虚拟空间的深度开发，物理空间内的人际关系正在通过"网络空间"进行重构。人们借由虚拟身份（Virtual Identities）享受着互联网带来的交往便利与自由，[1]同时也依托各种网络平台实现了人际关系的扩张与整合——如脸书、微信、微博、QQ等人际交往平台所实现的熟人之间、陌生人之间的互联互通。然而，网络空间发展过程中的数据资源权益归属与数据资源安全保护严重困扰着各国的法律实践，并在一定程度上影响了正常的网络秩序。前几年发生的剑桥分析公司肆意抓取脸书用户信息事件，便成为数据资源法治难题的导火索。[2]该事件表面上看似属于脸书泄露用户个人信息的行为，而在更深层次上反映出数据资源的法律权益分配与保护问题。例如，网络平台能否获取他人已公开的个人网络信息？经由网络平台脸书整合后的数据资源究竟具有何种法律属性？[3]数据资源权益应当归属于公民个人还是网络平台？现行法律体系又应当如何给予数据资源有效保护？或许脸书事件对我国网络用户的影响较小，但脉脉非法抓取使用新浪微博用户信息案、百度起诉奇虎360违反"Robots协议"爬取数据纠纷案、大众点评网诉爱帮网不正当竞争纠纷案、实时公交查询软件

---

[1] Anne L. Clunan, Andrew Hurrell, G. John Ikenberry, Deepa M. Ollapally, Shiping Tang, Ole Wæver, "Ethics in an Age of Surveillance: Personal Information and Virtual Identities", 32 *Ethics & International AffairsVolume*, 2018（1）, pp. 119-121.

[2] 参见穆琳："'剑桥分析'事件'算法黑箱'问题浅析", 载《中国信息安全》2018年第4期; Ivan Manokha, "Surveillance: The DNA of Platform Capital—The Case of Cambridge Analytica Put into Perspective", 21 *Theory & Event*, 2018（4）, pp. 891-913.

[3] 英法德等国将"个人信息"同"数据"混同使用，并以"数据"概念代之。参见齐爱民:《拯救信息社会中的人格：个人信息保护法总论》, 北京大学出版社2009年版, 第77页。

"酷米客"诉"车来了"盗取后台数据纠纷案等案件的频频曝光,则将数据资源保护彻底引入我国公众的视野,并引发了我国社会公众对网络平台的信任危机。

"危机引发恐慌,也促使人们思考。"[1]缘何数据保护与数据资源保护在法律层面"分道扬镳",经由网络平台整合后的数据资源(包含信息和技术)是否改变了数据资源权利的权益构成,我国又应当采取何种法律保护措施?这些问题急需我国法学界与实务界作出解答。吊诡的是,近年来在我国发生的多起网络平台数据资源纠纷,正试图从一个有别于人格权保护的全新视角——开放与竞争下的数据资源财产权保护——革新数据资源法律保护模式。在某种程度上,这一研究范式弥补了网络时代人格权保护模式的狭隘性,并通过司法实践推动数据资源保护的法治化进程。在此值得注意的是,"数据资源法律定位"仅指网络经济视域下数据资源存储、开放、流动、交易以及侵权等行为的基本法律框架。政府控制的数据资源法律定位问题,不在研讨之列。

一、数据资源法律定位的论争

目前来看,关于数据资源的理论争点主要凝聚于以下方面。

(一)数据资源的法律属性论争

作为数据集和信息分析技术的结合体,数据资源本身既包含了互联网空间中的初始信息,也包含着信息分析技术加工后的商业附加值。也就是说,数据资源不再是个人意志的网络表达集合,而是裹挟着人格属性、财产属性的混合体。这也导致法学界对数据资源的法律属性形成四种学说:人格权说、汇编作品说、财产权说和综合权利说。人格权说认为,数据资源既属于网络信息的媒介,同时也兼具信息本体功能。因此,对于涉及公民个人信息(如网络购物记录、搜索记录等)的数据资源而言,它具有较

---

[1] 桑本谦:"利他主义救助的法律干预",载《中国社会科学》2012年第10期。

强的人格权属性。[1]但也有学者从数据资源的数据集合功能角度出发，认为数据资源是不特定网络人群所留存的网络信息（如网络平台留言、购物评价等）。因此，数据资源中所涉及的个体人格权属性较弱，而汇编作品属性更为强烈。[2]然而，互联网的飞速发展，使得数据资源附带一定的交易价值。[3]因此，有学者提出，数据资源体现出一定的信息财产权属性，"数据资源是具有'非物质性、可复制性和不可绝对交割性'等信息财产权客体基本特征的信息集合，是信息财产法保护的对象，是信息财产权的客体"。[4]但当数据资源本身涉及公民个人信息时，其来源与载体往往会引发数据人格权与数据财产权的冲突，由此导致数据资源的法律属性徘徊于人格权财产化与财产权人格化的中间地带。[5]综合上述数据资源法律属性的理论论争可以发现，四种学说均注意到了个人信息与数据资源法律属性的紧密关系，却未停留在相同的权利诉求上。可见，理论的阐释仍有待接受实践的检验。

（二）数据资源的权益分配论争

受"数据资源法律属性"界定难题的影响，作为网络参与人的公民、作为网络运营商的网络平台正在合力塑造着数据资源的内在结构。这也导致法学界形成了三种不同的数据资源权益分配理论：个人权益论、平台权益论以及综合权益论。个人权益论者从数据来源的视角进行判断，将数据资源视为社会公众网络行为的集合，因此其权益分配应当独属于数据的产出者——公民个人或公民集合。与之相对的网络平台，仅仅是公民个人数据的载体与管理者，而非所有权人。因此，在数据资源权益分配上，公民

---

〔1〕 参见杨永凯："互联网大数据的法律治理研究——以大数据的财产属性为中心"，载《石河子大学学报（哲学社会科学版）》2018 年第 2 期。

〔2〕 参见涂燕辉："大数据的法律确权研究"，载《佛山科学技术学院学报（社会科学版）》2016 年第 5 期。

〔3〕 参见李爱君："数据权利属性与法律特征"，载《东方法学》2018 年第 3 期。

〔4〕 参见王玉林、高富平："大数据的财产属性研究"，载《图书与情报》2016 年第 1 期。

〔5〕 参见姜福晓："对人格权财产化和财产权人格化统一解释的初步思考"，载《理论月刊》2013 年第 9 期。

个人成为唯一的适格主体。[1]而平台权益论者从数据资源的价值构成上加以审视，主张网络平台才是数据资源权益的主要贡献者。在他们看来，数据资源产出的权益肇始于公民个人数据，其价值核定基准却是数据叠加状态下网络平台的统计分析。而且，人们很难从不特定数据资源中分离出具体的个人数据，数据资源的外部性影响也改变了个人数据的实际作用方式。为此，数据资源的权益分配应当归属于数据资源的实际控制者——网络平台。[2]但综合权益论者认为，网络数据产出者与网络平台共同构成数据资源权益的所有人。这些学者认为，从数据资源交易实践出发，数据财产权的权利主体应包括数据财产创造者、数据财产控制者和数据财产使用者。而就其权益归属而言，则仅包括数据财产创造者与数据财产控制者，即公民个人和网络平台。由此可见，数据资源权益分配上的不统一，实际上构成了数据资源法律保护的最大难题。无论我国采用何种权益分配方式，都将直接改变国家立法的方向。

（三）数据资源的法律保护机制论争

数据资源的法律保护成为法学界竞相关注的话题，主要原因在于我国目前尚未出台专门性的法律法规，以推动数据资源的合法使用。有学者认为，我国《数据安全法》"停留在政策性立法阶段，政策性的宣示和规划远远大于规范性的建构，数据安全的法律构造尚未完成"。[3]同时，《刑法》也未对数据资源的法律保护预留足够的空间。以《刑法修正案（九）》中的"侵犯公民信息罪"为例，该罪名旨在惩处企业法人（或公民）非法提供或获取公民个人（不包括企业）信息的行为。尽管其中所涉公民个人信息数量较大，但远未达到数据资源所要求之"不可计量"的程度。而且，邵保明等侵犯公民个人信息案、周滨城等侵犯公民个人信息案的裁判

---

[1]　刘德良认为，个人信息数据的权益应当依据公民的基本主张来分析：涉及人格尊严的给予人格权保护，涉及主体财产权益的应给予财产权保护。双重保护无碍于人格权保护，并给予个人更多选择自由。参见刘德良："个人信息的财产权保护"，载《法学研究》2007 年第 3 期。

[2]　参见王玉林、高富平："大数据的财产属性研究"，载《图书与情报》2016 年第 1 期。

[3]　翟志勇："数据安全法的体系定位"，载《苏州大学学报（哲学社会科学版）》2021 年第 1 期。

结果也证明，侵犯公民个人信息案中的信息数量与数据资源之间并无必然性联系。可见，《网络安全法》与《刑法》对公民个人信息的保障机制，并不适用于数据资源的法律保障与救济。这也从侧面反映出我国数据资源保障机制的脆弱与缺位。而吴伟光认为，我国《刑法》并未做好虚拟财产型犯罪的定罪量刑准备，[1]而《网络安全法》等法律又未设定明确的数据资源权利。因此，很多网络经济案件只能依赖《反不正当竞争法》来处理。[2]法学界关于数据资源法律保护机制的论争，实际上是在反思新时代数据资源保护法治化的缺位。

以上三个方面的理论论争表明，我国数据资源法律问题之争尚未形成一致的观点。为了进一步探明数据资源的法律属性，厘清网络平台视域下数据资源的法律定位，有必要运用实证分析方法对我国已发生的数据资源司法案件加以总结、归纳，以期回应前述理论论争并指导我国的司法实践和立法发展。

二、数据资源法律定位的司法检视

受制于数据资源专门性立法空白的影响，现行法律体系无法直接回应数据资源法律保护的要求。但这并不影响我们从司法层面获得数据资源法律保护的侧面认知。自 2013 年以来，我国已经发生了多起数据资源权属纠纷，例如，脉脉非法抓取使用新浪微博用户信息案、百度起诉奇虎 360 违反"Robots 协议"爬取数据纠纷案、大众点评网诉爱帮网不正当竞争纠纷案，以及实时公交查询软件"酷米客"诉"车来了"盗取后台数据纠纷案等。上述案件无论是在数据资源的权属认定、数据资源的权益分配，还是在最终的裁判结果上，均对前述理论论争给予了强有力的回应。而且，围绕上述案件开展的实证分析，将为我们展现司法机关对待数据资源法律问题的具体态度。受制于数据资源案例样本的稀少，本研究所得出的分析结

---

[1] 参见吴伟光："构建网络经济中的民事新权利：代码空间权"，载《政治与法律》2018 年第 4 期。

[2] 参见张钦坤："中国互联网不正当竞争案件发展实证分析"，载《电子知识产权》2014 年第 10 期。

果未必全面，但基本上能够反映出我国数据资源纠纷的司法倾向，进而指导立法实践的发展，弥补理论研究的缺失。

（一）数据资源法律属性的司法认定

数据资源在"数量"和"作用方式"上改变了传统电子数据的存在样态。这也导致多数的数据资源纠纷，首先凸显为一种数据资源的竞争，其次才考虑到公民个人信息的权属问题。为了更为直观地反映数据资源的作用机理与司法认定，笔者以上述案例为分析对象，对不同案件中数据资源法律属性的司法认定加以对比分析（见表2-1）。

表 2-1　数据资源的作用机理与司法认定

案　　件	审理法院	案　　由	数据资源的运作机制	司法认定
脉脉非法抓取使用新浪微博用户信息案	北京知识产权法院	不正当竞争纠纷	通过网络平台合作协议与用户授权的方式，实现数据的转移	数据资源属于网络平台的竞争优势；网络平台应当妥善保护他人数据
百度起诉奇虎360违反"Robots协议"爬取数据纠纷案	最高人民法院	不正当竞争纠纷	行业惯例保护数据资源的专有性，却无法解决暗中获取数据资源结果的行为	数据资源保护依赖于法律和行业惯例。后者可以视为某种强制性规范
大众点评网诉爱帮网不正当竞争纠纷案	北京市第一中级人民法院	不正当竞争纠纷	数据资源的形成应当付出了相应的经营成本，而以技术手段复制他人数据的行为构成不正当竞争	数据资源排斥"搭便车"行为，因此技术优势应当得到适度限制
实时公交查询软件"酷米客"诉"车来了"盗取后台数据纠纷案	深圳市南山区人民法院	非法获取计算机信息系统数据案	经由原始数据积累而形成的数据资源，被他人以非法手段入侵其后台来抓取数据	非法侵入计算机系统，获取他人数据，情节严重

分析结果显示，无论是基于数据数量、数据来源还是数据功能来考察数据资源的运作机制，司法实践均能给予有力的案例支撑。但吊诡的是，我国司法机关对于网络平台之间的数据资源纠纷，不仅未虑及公民个人信息保护的重要性，同时也摒弃了人格权保护的一贯策略，转而向经济法（主要是《反不正当竞争法》）和刑法寻求法律保护。这说明，数据资源来源和功能上的特征，导致人格权在数据资源纠纷中的作用急剧下降，并最终为其他法律特征（如"不正当竞争"）所替代。印证这一观点的理由有两方面：（1）隐私权法律保护的启动依赖于他人人身属性信息的精确查明。而在大数据资源的影响下，整体数据的个体信息被技术安全和数据安全所整合。"法律应承认信息隐私和数据安全是独立的制度目标，以防止在数据安全目标与信息隐私目标背道而驰的极端情况下，出现不良或至少不可预测的结果。"[1]（2）实践经验证明，数据资源的作用场域总是同市场经济相关联的。即便数据资源纠纷无法彻底否定个体信息的人身权意义，但在市场经济条件下，"在个人数据中引入产权"，[2]才是决定纠纷的直接起因。而且，在财产权的影响下，控制数据的企业几乎不可能保护个人的数据人格权。[3]因此，数据资源纠纷的司法裁判，可以抽离出裁判标准 I：在数据资源纠纷中，数据资源的财产权属性会极大削弱个体信息的人格权属性。

在裁判标准 I 的影响下，上述数据资源纠纷可以被清晰地划分为两种类型："数据型纠纷"和"工具型纠纷"。所谓"数据型纠纷"，是指以数据源为基础，经由算法、分析软件等方式改良或分离出派生数据的纠纷。其核心目的就是"挖掘出庞数据资源库独有的价值"。[4]脉脉非法抓取使用新浪微博用户信息案即属于此种类型。在该案件中，脉脉软件通过网络

---

[1] Lauren Henry, "Information privacy and data security", *Cardozo Law Review*, 2015.

[2] Alan F. Westin, *Privacy and Freedom*, New York：Athenum, 1967, p. 324.

[3] Nadezhda Purtova, Do Property Rights in Personal Data Make Sense After the Big Data Turn? Individual Control and Transparency, Tilburg Law School Research Paper, No. 2017/21, 2017, pp. 13-17.

[4] 参见［英］维克托·迈尔-舍恩伯格、肯尼斯·库克耶：《大数据时代：生活、工作与思维的大变革》，盛杨燕、周涛译，浙江人民出版社 2013 年版，第 102 页。

平台合作协议与用户授权的方式，完成新浪微博用户数据的转移，进而凭借数据资源分析与算法建立起"用户职业关系"的网络平台。这种类型的案件对数据源的依赖性远高于数据资源技术本身。由此可以对裁判标准 I 进行以下补充：用户授权构成数据资源纠纷中人格权保护的阻却事由（命名为"裁判标准 IA"）。而"工具型纠纷"多依赖于数据资源分析、程序算法上的技术优势，利用技术性优势非法获取他人受保护之数据。[1]在这类纠纷中，数据的"资源性"价值不再成为案件的主要影响因素，而对案件产生实质影响的是以技术性优势（如数据的整合、分析和开放）获得市场竞争优势的不当行为。[2]从百度起诉奇虎 360 违反"Robots 协议"爬取数据纠纷案来看，非法获取数据资源的结果并没有改变数据资源的原初表现方式，但获取数据的技术性手段违反了法律或行业惯例，甚至因为技术优势造就了商业竞争力的较大提升。由此观之，数据资源纠纷的"数量"因素不再是司法裁判的重心所在，而通过数据资源技术来非法获得不正当竞争优势，才是司法机关审理数据资源案件时的裁判要点。由此可以得出裁判标准 IB：在相互竞争的市场领域，数据资源的财产权属性可以阻却不正当技术性优势的二次开发。

（二）数据资源权益分配的司法认定

数据资源的产生，很大程度上来自社会公众的网络参与。为此，数据资源本身的财产权益以及数据资源背后所带来的潜在经济利益，究竟应当属于社会公众，还是应当属于网络平台？抑或分属于两者？法学界与立法机关尚未给予明确的解答。但是，我国司法机关迫于裁判义务的要求，在数据资源纠纷案件中已经展现出一定的规范主义倾向（见表 2-2）。

---

〔1〕 梅夏英认为，工具型纠纷是指将网络作为不法工具所引发的纠纷。参见梅夏英："数据的法律属性及其民法定位"，载《中国社会科学》2016 年第 9 期。本书对"工具型纠纷"的述说，是在梅夏英理论的基础上，对具体网络工具（大数据技术）作出的专门性界定。

〔2〕 参见涂子沛：《数据之巅：大数据革命，历史、现实与未来》，中信出版社 2014 年版，第 258 页。

表 2-2　数据资源纠纷案件中的权益分配构成

案　件	案　由	案件的争议点	权益分配的影响因素	司法认定
脉脉非法抓取使用新浪微博用户信息案	不正当竞争纠纷	用户数据能否构成竞争优势	用户授权平台合作协议	用户数据信息既是网络平台的竞争优势，保护用户数据信息又是网络平台的社会责任
百度起诉奇虎360违反"Robots协议"爬取数据纠纷案	不正当竞争纠纷	爬取用户留存的公共信息是否构成侵权	行业惯例〔1〕技术优势行业优势	网络平台有权限制同行业者从己方平台抓取用户的公开数据
大众点评网诉爱帮网不正当竞争纠纷案	不正当竞争纠纷	大众点评网是否为适格的起诉主体	用户授权数据搜集、分析	网络平台可以主张保护用户的合法权益，且不要求完整、排他性地掌握数据

从表 2-2 可以发现，上述数据资源纠纷往往会牵扯两种权益类型：公民个体数据权益和网络平台数据资源权益。其中，公民个体数据权益指向公民使用网络平台过程中产生的数据价值；而网络平台数据资源权益则是对数据的合法保存以及竞争性使用而形成的数据资源收益。但上述 3 个案例的裁判结果仅局限于网络平台之间的商业纠纷，"增加了互联网不正当竞争的混乱程度"。〔2〕但未出现公民维护个人数据权益的现象发生。深思其中的法律逻辑，可以发现有以下两种因素影响了数据资源的权益分配。

一是网络服务协议。目前，很多互联网企业通过合同或协议的形式来

---

〔1〕　参见曹阳："我国对违反'爬虫协议'行为的法律规制研究"，载《江苏社会科学》2019 年第 3 期。

〔2〕　最高人民法院研究室编：《最高人民法院司法研究重大课题报告·知识产权审判卷》，人民法院出版社 2019 年版，第 776 页。

收集数据，甚至依靠该形式来排除第三方的数据访问。[1]但对于互联网用户而言，人们无法从自身数据中获得利益期许，却对他人数据信息颇感兴趣。当数据本身开始在商业领域内部进行流动时，人们因阻止个人数据泄露而愿意支付的注意成本或保护措施，在一定程度上就可以视为个人数据的基本价值。[2]而且，根据数据类型在商业领域的需求度，部分数据的信息价值将转换为财产性价值，如手机号码、搜索记录、购物记录等。"一旦承认了用户具有数据财产权，那么就会迫使数据使用者主动与数据主体进行商议，如此改变了用户在数据市场被忽视的境地，使得用户获得了一定的议价能力。"[3]除非用户出于使用网络服务的便利考虑，主动放弃此种数据专有权——其内容包括身份信息的专有权和财产性权益的专有权。而实践恰恰证明，"网络服务协议"在公民与网络平台之间建立了一个数据使用合同，使得公民以数据专有权换取网络服务。例如，《脉脉服务协议》关于"第三方平台记录信息"的规定。该协议规定："用户通过新浪微博账号、QQ账号等第三方平台账号注册、登录、使用脉脉服务的，将被视为用户完全了解、同意并接受淘友公司已包括但不限于收集、统计、分析等方式使用其在新浪微博、QQ等第三方平台上填写、登记、公布、记录的全部信息。用户一旦使用第三方平台账号注册、登录、使用脉脉服务，淘友公司对该等第三方平台记录的信息的任何使用，均将被视为已经获得了用户本人的完全同意并接受。"由此可以获得裁判标准Ⅱ：网络服务协议实质性地造就了"公民个体数据权益"和"网络平台数据权益"的数据资源二元权益配置模式。

二是数据资源的成本分担。数据资源的产生是由数量较少（甚至单一）的网络平台和数量无可计量的公民共同参与形成的。由于数据提供者

---

〔1〕 Max Planck Institute for Innovation and Competition, *Arguments Against Data Ownership*: *Ten Questions and Answers*, August 2017, pp. 1-4.

〔2〕 有学者提出，数据的价值来源于人们对数据的控制与保护。See Anita L. Allen, "Privacy-As-Data Control: Conceptual, Practical, and Moral Limits of the Paradigm", 32 *connecticut Law Review*, 2000, pp. 865-879.

〔3〕 龙卫球："数据新型财产权构建及其体系研究"，载《政法论坛》2017年第4期。

（公民个人）的超大数量稀释了单个公民信息的价值，由此导致数据资源"满足了大部分人的需求而忽略了少部分人的需求"。[1]而且，人们阻止数据泄露的努力远远落后于数据购销市场的诱惑力。为此，较之于公民付出的适度注意义务，网络平台会花费更高的管理成本来实现公民信息的严格保护。基于上述数据价值的核算方式，阻止数据泄露的管理成本应当平摊到每一项数据的价值中。这样，社会公众基于单一信息所主张的财产权益，将在网络平台中因更高的保护成本而处于劣势，甚至远低于公民个人起诉所花费的时间成本。更重要的是，数据资源权益纠纷往往涉及的是不特定用户的网络数据。因此，数据资源权益的配比往往聚焦于网络平台之间的整体性数据资源竞争，无法引入公民个人作为利益第三人。"谁垄断了数据，谁就将在商业竞争中获得优势。"[2]由此可以对裁判标准 II 加以修正：在数据资源纠纷中，"公民个体数据权益"无法从"网络平台数据资源权益"中获得有效补偿（命名为"裁判标准 II"）。

综上所述，基于"网络服务协议"与"数据资源成本分担"的考量，网络平台往往将数据资源的合法控制归结为一种"优势"。[3]龙卫球认为，企业竞争能力是企业成功经营的重要条件，虽然无法体现为有形财产，却构成一种排他性特殊利益架构。[4]因此，当其他网络平台侵犯企业数据资源时，该侵权行为当然构成不正当竞争。或许网络平台无法据此否认社会公众的"公民个体数据权益"，但至少能够凭借司法体系来保障自身的竞争优势。由此可以得出裁判标准 III：在数据资源纠纷中，公民个体数据权益只是隐性影响因素，而网络平台数据资源优势的维持才是法律保护的对象。

（三）数据资源法律责任的司法认定

我国现行法律体系对于公民、网络平台、政府数据的保护机制，主要

---

〔1〕［英］布赖恩·克莱格：《大数据：正在改变我们生活的新信息革命》，宋安妮译，重庆大学出版社 2020 年版，第 149 页。

〔2〕荆筱槐主编：《大数据与高校思想政治理论课》，光明日报出版社 2020 年版，第 186 页。

〔3〕谢鹏程主编：《网络犯罪检察论》，中国检察出版社 2020 年版，第 250 页。

〔4〕参见龙卫球："再论企业数据保护的财产权化路径"，载《东方法学》2018 年第 3 期。

散见于《民法典》《网络安全法》《反不正当竞争法》《刑法》以及其他数据信息保护法律法规中。由此也导致我国司法机关在审理数据资源法律纠纷时常常需要斟酌案件的不同性质，以采取相应的法律保护或救济措施。为此，笔者分别选取具有代表性的民事数据纠纷、经济类数据纠纷、刑事类数据案件，以观测司法机关对不同类型的数据法律纠纷的具体裁判倾向（见表2-3）。

表 2-3　数据资源纠纷中的责任差异与司法认定

案件	案由	数据的数量	数据类型	司法认定
深圳市腾讯计算机系统有限公司与王某某、韩某某等名誉权纠纷案	名誉权纠纷	小量数据	身份信息	不构成犯罪，但因侵犯他人名誉权，应当消除不良影响，赔偿精神损害抚慰金
脉脉非法抓取使用新浪微博用户信息案	不正当竞争纠纷	数据资源	用户个人信息	不侵犯个人信息，但构成不正当竞争，应当消除影响，赔偿经济损失
张某某侵犯公民个人信息案	侵犯公民信息案	较大数量数据	公民个人信息	侵犯公民信息罪
实时公交查询软件"酷米客"诉"车来了"盗取后台数据纠纷案	非法获取计算机信息系统数据案	数据资源	计算机信息数据	非法获取计算机信息系统数据、非法控制计算机信息系统罪

　　表2-3以四种不同类型的数据纠纷阐明了我国司法机关对待数据纠纷的不同态度。在不区分数据性质的前提下，数据纠纷可以分化出三层法律保护模式：人格权的法律保护、[1]经济权益的法律保护[2]以及数据信息

---

〔1〕　参见秦立崴、秦成德主编：《电子商务法》，重庆大学出版社2016年版，第267-268页。

〔2〕　参见卢扬逊："数据财产权益的私法保护"，载《甘肃社会科学》2020年第6期。

的刑法保护。[1]其中，按照数据性质的不同，《刑法》内部又分化出公民信息安全的刑法保障以及计算机系统安全的刑法保障。上述司法实践表明，根据数据数量的不同，数据纠纷会导向不同的法律保护机制。例如，侵犯少量个人信息数据只会由公民个人启动法律救济机制（如深圳市腾讯计算机系统有限公司与王某某、韩某某等名誉权纠纷案），但倘若他人或公司以非法手段侵犯大量公民个人信息——尽管数量很大，但仍然能够以常规计量方式来计算数据数量——则由检察院提起刑事诉讼（如张某某侵犯公民个人信息案）。而一旦侵犯他人（或企业）合法数据的行为超过常规计量方式的测度范围（数据资源），那么，基于诉讼成本和利益相关度的考量，公民个人会主动退出司法诉讼领域，改由网络平台启动不正当竞争的法律保护机制（如脉脉非法抓取使用新浪微博用户信息案）或刑法救济机制（如实时公交查询软件"酷米客"诉"车来了"盗取后台数据纠纷案）。由此得出裁判标准Ⅳ：受到数据资源整体性应用的影响，网络平台的经济法保护、刑法保护模式比社会公众的自我保护模式更有效率。

令人惊讶的是，在数据资源纠纷中，公民个人的权利救济机制将隐匿不见，企业之间的利益竞争乃至依托公权力的救济机制将成为主流。从前述案例可以发现，在排除社会公众的自我保护之后，网络平台的经济法保护模式、刑法保护模式的分野在很大程度上受制于数据资源的具体来源。例如，在脉脉非法抓取使用新浪微博用户信息案中，淘友公司利用协同过滤算法大量抓取新浪微博用户信息，但新浪微博并不享有数据的所有权。故此只能采用"不正当竞争"之名起诉淘友公司。而在实时公交查询软件"酷米客"诉"车来了"盗取后台数据纠纷案中，原告谷米公司通过安装GPS的方式获得公交车的一手出行数据，并享有该数据的所有权。因此，谷米公司可以采用"非法获取计算机信息系统数据、非法控制计算机信息系统罪"来保护自身的数据所有权。由此可以得出裁判标准Ⅴ：网络平台

---

[1] 参见王玉林：《网络信息资源开发利用的法律问题》，安徽大学出版社2010年版，第165页。

的数据资源保护力度受到数据量的深刻影响，而数据资源的具体来源则会决定诉讼的具体方向。

三、法治视域下数据资源的立法规范策略

从前述案例样本的实证分析可以发现，司法机关对数据资源纠纷的裁判分别适用了《反不正当竞争法》和《刑法》。而且，每一个司法案件背后都裹挟着纷繁复杂的数据资源应用差异。虽然前述裁判标准无法直接作用于数据资源立法，但在立法机关获得足够的数据与调研结果之前，上述裁判标准不失为一种谨慎、保守的规范策略。有鉴于此，上述司法裁判标准将成为我国数据资源立法的一项重要参考，从中提取的规范性要素（如权利属性、[1]权益归属以及责任分配等）也将为数据资源立法提供规范性支撑。

（一）数据资源法律属性的立法规范

严格来讲，数据资源的法律定位难题肇始于数据资源与数据的分立。有学者认为，"数据资源，是收集大型和复杂数据，以及有关数据分析的术语……这些数据量阻碍了传统分析方法的有效性。数据资源不是专注个别数据之间的精确关系，而是使用各种算法和技术，来推断整个数据的总趋势"。[2]上述论断得到了世界各国法律实践的认可。例如，在美国 HiQ Labs, Inc. v. LinkedIn Corporation 案中，[3]法院最终认定：LinkedIn 公司不得阻止 HiQ 公司进入、复制并使用其网站中已公开的用户信息，亦不得采取法律或技术措施进行阻碍，从而肯定了网络平台收集公民已公开数据的合法性；[4]奥地利《2018 年数据保护修正法案》（DSG 2018）将"企业数据"纳入"个人数据"的保护范围，进而破除了数据信息与人格权保护

---

〔1〕　参见黄春林：《网络与数据法律实务——法律适用及合规落地》，人民法院出版社 2019 年版，第 291 页。

〔2〕　陈思进："隐私 vs. 大数据分析之浅析"，载 http://finance.qq.com/original/caijingzhiku/csj1.html，最后访问日期：2022 年 8 月 14 日。

〔3〕　938 F.3d 985（2019）.

〔4〕　No.3：17-cv-03301（N.D.Cal.2017）.

之间的封闭性关系，并将经营性数据纳入法律保障；欧盟《通用数据保护条例》（GDPR）第 6 条规定，数据控制者或第三方可以基于合法利益之诉求，使用自己掌握的公民信息，但应当妥善保护公民（尤其是未成年人）信息免受侵犯。[1]从而在总体上实现公民个体数据权益与企业数据权益的平衡。这些立法例或司法案例或许不能完全适用于我国的法治实践，但至少为我国数据资源的法律定位提供了某些标准。

结合裁判标准 I、II 可知，我国数据资源的法律定位不仅来自公民个人信息的市场化运用，而且更多地承载着网络平台的经济性追求。为此，我国数据资源的法律定位既拥有人格权保护的内涵，又实质性地嵌入了网络平台利益的财产权结构。由此可以发现，我国数据资源的法律定位应当作出以下三个层次的规范：（1）肯定网络平台数据资源的强财产权属性和弱人格权属性。在财产权客体理论中，无论是有形财产还是无形财产，均是"独立于主体意志而实际存在的客观财产"。[2]数据资源作为网络平台的一种累积性、经营性成果，不但客观地展现出网络平台对数据资源的利益诉求，而且愈加体现为企业无形财产的可视化增长。而且，裁判标准 I、IA 已经证明，数据资源具有强烈的财产权属性。在此意义上，数据资源作为一种财产性权利的法律意义，完全优先于公民个人信息集合的人格权意义。（2）确立基于数据或技术创新的网络服务规范。裁判标准 IA、IB 已经表明，"数据型纠纷"与"工具型纠纷"产生的核心问题分别在于公开数据的简单复制、分析，以及基于技术优势恶意获取数据。这就意味着，司法裁判否定的是网络平台对其他网络平台数据资源的"不劳而获"——一种完全背离于服务创新的路径[3]——这是我国在建立创新型国家过程

---

［1］ See European Parliament and Council of the European Union. General Data Protection Regulation (EU) 2016/679, Intersoft consulting, https://gdpr-info.eu/art-6-gdpr/, last accessed 2018.9.9.

［2］ 吴汉东："财产权的类型化、体系化与法典化——以《民法典（草案）》为研究对象"，载《现代法学》2017 年第 3 期。

［3］ 有学者通过案例分析发现，"在互联网的新型不正当竞争案件中，由于软件干扰形式各异……法院在分析过程中颇为强调对技术以及商业模式的分析和探讨，以避免造成对正当技术发展的误伤"。参见张钦坤："反不正当竞争法一般条款适用的逻辑分析——以新型互联网不正当竞争案件为例"，载《知识产权》2015 年第 3 期。

中严厉抵制的行为，而且该行为难以实质性地推动网络经济的整体发展。为此，我国数据资源立法应当把"基于原始数据的网络服务创新"作为数据资源应用规范化的基本框架，其中包括数据资源的合理获取、算法技术创新、商业模式创新等规范措施。（3）明确数据资源整体性应用的规范。数据资源的运作机制完全不同于个体数据的"可识别性"运用，前者主要依据数据的数量优势分析出网络世界的整体状态，抑或经由原始数据分析而获得网络行为的变化规律。可以说，在数据资源的法律定位上，基于数据资源综合价值及创新性成果的整体性应用，应当成为数据资源立法区别于《网络安全法》的重大制度创新。

（二）数据资源权益归属的立法规范

作为一种兼具财产权属性与人格权属性的新兴科技产物，数据资源不仅模糊了人格权和财产权的固有界限，甚至正在加剧人格权财产化、财产权人格化的过程。[1]受此影响，数据资源也在数据产出者与数据控制者之间形成了一种利益分化：对于数据产出者（网络用户）而言，数据资源是经由人们无数网络活动所汇集而成的信息集合、动态轨迹以及初始数据。当这些数据集合承载着大量的个人信息时，人们一方面运用传统人格权来保障自身的合法权益，另一方面又在积极主张财产性权益，将个人网络数据视为某种可供交易的资产。而对于数据控制者（网络平台）来说，提供网络活动的虚拟场域以及高昂的信息存储成本，已经改变了数据本身的资产结构。洛克认为，如果一个人通过劳动的方式改变了原生事物的自然状态，那么该事物就属于他的财产。[2]在此意义上，网络平台基于创造性劳动与成本支出的合理依据，能够与数据产出者共享数据资源的财产性权益。在数据资源资产化背景下，我国立法机关应当基于保护等级递减的方式，对数据资源法律权益作出以下三个等级的保护规范。

（1）严格等级保护规范：网络用户基于个人信息保护，要求网络平台

---

〔1〕　参见姜福晓："人格权财产化和财产权人格化理论困境的剖析与破解"，载《法学家》2016年第2期。

〔2〕　See John Lock, *Two treatises of government. Book II*, *Ch. V*, Cambridge：Cambridge University Press，1988，pp. 287-288.

尽到数据资源合理使用义务。[1]个体层次的数据资源合理使用权是依照现代所有权理论，将个体人格权保护转化为财产权保护的无奈选择。一如裁判标准 II 所断言，网络用户无法从网络平台数据资源中获得实质性补偿。但网络平台数据资源合理使用的义务性规定，既从侧面保护了网络用户的数据权益，又能够更好地适应市场化网络数据的运作机制。然而，当上述网络用户的数据资源权益分配形式真正遭遇数据资源纠纷时，这种个体意义上的合理使用权主张又陷入救济乏力和动力不足的困境。因此，我国立法机关应当同时引入网络用户数据资源权益分配形式的配套制度——数据资源侵权公益诉讼机制[2]——来改善网络用户个体性法律救济乏力的难题。

（2）数据流动等级保护规范：网络平台可以基于数据资源的收集与经营而获得财产性收益。当个人信息的人格权保护、刑法保护仍然难以遏制大量的公民个人信息非法转让、交易或泄露等情况时，人格权财产化的趋势就已经无法阻止了。在网络时代，网络用户往往通过签订网络服务协议来享受网络平台的便利服务（裁判）。此时，个人信息的财产价值已经作为"服务对价"让渡于网络平台。[3]因此，网络用户的人格权并非不受保护，只是《网络服务协议》实现了人格权的财产性转化（裁判标准IA）。[4]既然数据可以成为一种稀缺的市场资源，而个人信息又能够衍生额外价值，那么以合法方式（如"用户授权"）收集、分析网络数据资源的网络平台，自然能够成为数据资源财产权益的享有主体。基于此，网络平台可以从事数据资源交易、互换行为。只不过在涉及个人信息时，网络平台数据资源的交易、公开等处置行为应当优先遵守数据资源的严格等级保护规范。

---

〔1〕 马克伟、陈际红主编：《信息网络与高新技术法律前沿（第十二卷）》，上海交通大学出版社 2018 年版，第 48 页。

〔2〕 参见余晖原主编：《经营管理实践论文集》，北京理工大学出版社 2019 年版，第 250 页。

〔3〕 参见任丹丽："从'丰菜之争'看个人信息上的权利构造"，载《政治与法律》2018 年第 6 期。

〔4〕 参见洪伟、郭禹洪、胡艳丽：《人格商业化利用的法律规制》，浙江工商大学出版社 2016 年版，第 46 页。

（3）竞争等级保护规范：公民、法人、社会组织可以合理使用网络公开数据，但不得据此获得不正当竞争优势。从司法实践来看，数据资源的应用首先体现为一种数据处理技术，其次才是关注个体数据本身的内容。因此，对于已经公开的个人信息，数据资源的应用只是加快数据的获取速度，而不影响数据的存在状态——我国的脉脉非法抓取使用新浪微博用户信息案与美国 HiQ Labs, Inc. v. LinkedIn Corporation 案均支持了这一主张——因此，对于已公开的数据（包括个人数据）而言，所有社会主体均可以正当使用，数据产出者与数据控制者不得因数据资源抓取技术的应用来追究他人的侵权责任。但是，根据裁判标准 III 的内在逻辑，法律应当保障网络平台之间的数据独立性，进而保证数据资源的财产性价值不因复制而贬值。因此，倘若公民、法人、社会组织同数据资源控制方之间存在商业竞争关系，那么，无论前者通过何种途径获得该公开数据，都违反竞争等级保护规范，构成不正当竞争。[1]

（三）数据资源法律责任的立法规范

目前来看，数据资源主要存在两种使用方式：其一，作为原始数据直接使用。它主要体现为数据量上的巨大。其二，作为一种数据分析技术加以使用。相较于数据的原本价值，该使用方式更注重数据二次加工后的分析结果。在前述司法案例中，数据资源的侵犯行为以数据资源具体使用方式为区分，形成两个复杂的"侵权类型"：一是侵犯数据所有权的行为；[2]二是侵犯数据控制权的行为。前者往往是由数据所有权人基于人格权保护而提起的侵权之诉，因此该类诉讼致力于保护个人的人身权益；后者则是基于网络平台的数据积累成本，防止数据控制状态受到他人（或企业）的非法侵扰。根据上述侵权类型上的差异，数据资源法律责任的立法设定也不再限缩于人身权保障的范围之内，而是过渡到企业之间的不正当竞争法保护、国家网络秩序的刑法保障。这表明，立法机关对待数据资源

---

〔1〕　参见辛杨：《〈中华人民共和国反不正当竞争法〉修订解析及适用》，知识产权出版社2019 年版，第 268 页。

〔2〕　参见李爱君："数据权利属性与法律特征"，载《东方法学》2018 年第 3 期。

法律责任的态度除尊重与保障公民权利之外，还隐藏着另一层深意，即鼓励社会以高效率的手段去解决数量多、危害小的侵权行为，甚至还鼓励诉讼双方自行和解（符合裁判标准 III 的要求）。在此，数据资源法律责任的立法设定应当呈现出一个社会危害性逐渐加重的责任序列：侵权责任—经济处罚—刑事责任。因此，在数据资源法律责任机制的立法设定上，应当通观数据资源的具体使用方式以及社会危害序列来加以判断。

在具体责任条款的设定上，立法者应当明晰违法行为究竟指向"数据资源所有权"还是"数据资源使用权"。裁判标准 IV 表明，法院往往通过分析数据权利的具体来源来确认纠纷双方的主体地位与法律责任，并不自觉地忽略数据资源违法行为背后所带来的个体损失。加之《刑法》中"侵犯公民个人信息罪""非法获取计算机信息系统数据、非法控制计算机信息系统罪"的引入，使得我国在数据资源违法责任追究上必须设定三重规范：（1）侵犯数据资源中公民信息权益的行为，可以视行为严重程度来追究侵权责任或刑事责任。裁判标准 II 表明，公民人格权及其财产权益很难在数据资源纠纷中获得实质性利益，但这并不能磨灭数据资源包含公民个人信息的事实。在不考虑公民私力救济的成本/收益比率的情况下，立法机关应当保留数据资源侵权行为的公民私力追责机制。但是当数据资源侵权行为所涉及的个人信息数量巨大，影响特别严重时，数据资源侵权责任的追究应当同《刑法》第 253 条之一"侵犯公民个人信息罪"相对接。（2）侵犯数据使用（控制）权的行为则依据《反不正当竞争法》来加以处罚。这种责任旨在解决数据资源的诉权分散问题，加强数据资源市场秩序的保护效率。因此，在数据资源不正当竞争行为的处罚上，立法机关应当对数据资源不正当使用者的主体资格、不正当竞争行为、数据资源权益损失情况以及不正当竞争行为实施主体的主观过错等方面加以规范，以明确数据资源不正当竞争行为的法律责任。（3）增设"侵犯数据资产罪"。目前，我国对侵犯数据资源刑法责任追究的主要罪名是"侵犯公民个人信息罪"和"非法获取计算机信息系统数据、非法控制计算机信息系统罪"。前者属于《刑法》第 4 章"侵犯公民人身权利、民主权利罪"的规范范围；后者属于《刑法》第 6 章"妨害社会管理秩序罪"的规范范围。但鉴于数据资源的财产权属性，数据资源更应当作为"数据资产"纳入第 5 章"侵犯财产罪"的刑法保护范围。加之，涉及数据资源的犯罪行为主要涉及网络使用记录、用户网络使用偏好等非计算机内部数据信息。因此，我国立法机关应当针对数据资源犯罪行为特征来增设专门性罪名，即"侵犯数据资产罪"。

　　有限的数据资源案例只能为未来立法提供一种较为粗浅的结论：在数据资源的法律保护上，财产权保护要优于人格权保护，而网络平台的反不正当竞争救济模式比社会公众的自我救济模式更有效率。而且，从数据资源案例的整体发生路径来看，坚持以不正当竞争来规范数据资源市场秩序也存在一定的局限性。例如，数据资源人格权保护的公益救济机制有待进一步完善，[1]数据资源利益的损害对象与赔偿对象不一致、专门性罪名的缺位等。尽管司法实践证明，社会公众在数据资源案件中的利益主体地位将退居于网络平台之后，但从规范主义的视角来看，过分强调数据资源的财产权属性会无意识地遮蔽数据交易与人格权保护的冲突，并助长数据资源的商业化滥用。[2]这是科技飞速发展与法律滞后性的固有矛盾，但"在规则、原则和教义出现之前，人们只能根据问题本身的经验要素来寻求解决问题的方案"。[3]因此，上述数据资源法律定位、权益归属以及责任体制构建的立法设计，既是我国解决数据资源纠纷的阶段性总结，又为未来数据资源立法提供了备选方案。

---

〔1〕　张新宝、赖成宇："个人信息保护公益诉讼制度的理解与适用"，载《国家检察官学院学报》2021 年第 5 期。

〔2〕　See Jessica Litman, "Information Privacy / Information Property", 52 *Stanford Law Review*, 2000 (5), pp. 1295-1301.

〔3〕　桑本谦："利他主义救助的法律干预"，载《中国社会科学》2012 年第 10 期。

第三章

"数据资源归国家所有" 确权模式的理论探索

与"数据资源归用户所有""数据资源归网络平台所有"权益分配模式凭借劳动支出来获取权利依据不同,"数据资源归国家所有"的定位路径则主要依赖公共资源的"合理使用"以及公平受益来获得正当性支撑。这也表明,"数据资源归国家所有"并不仅仅是数字经济发展的产物,[1]更体现为国家对其他法律主体的权利义务变化——整个法律体系发展史,在很大程度上就反映为这种法律主体间的权利义务变化——尤其在宪法及合宪性解释的支撑下,"数据资源归国家所有"才得以成为我国解决数据资源确权难题的独特方案,从而展现出社会主义制度的优越性。当然,"数据资源归国家所有"在数据资源流通方面的价值并不限于确权,甚至规制体系、许可经营、数字税[2]也只能算作"数据资源归国家所有"这一宏大议题的一角。这就更加需要立法学与部门法学的进一步探索,如数据资源交易规则的立法设置;[3]国家在数据资源所有上的公共限制;数据资源侵权(被侵权)后的司法救济;等等。尽管"数据资源权归国家所有"理论的比较优势较为明显,仍需要在理论层面加以证成,从而为世界各国的数据资源确权与流通法治化提供一种规范的理论范式。因此,"数据资源归国家所有"确权模式的理论探索,就成为当前数据法治的研究重心之一。

---

〔1〕 参见衣俊霖:"论公共数据国家所有",载《法学论坛》2022年第4期。

〔2〕 参见张牧君:"用户价值与数字税立法的逻辑",载《法学研究》2022年第4期。

〔3〕 参见王珏:"数据交易场所的机制构建与法律保障——以数据要素市场化配置为中心",载《江汉论坛》2021年第9期。

一、"数据资源归国家所有"的逻辑起点

（一）数据来源的公共属性与公益保护义务

数据资源的法律属性是确定数据资源权属问题的逻辑起点，而确定数据资源权属问题既是解决数字科技进步带来的法律难题的关键，同时也是数据能够得到合理流通和利用的核心。大数据时代，数据随着互联网络空间活动而生，任何数据都有其来源，数据来源是数据资源"关于"和所指向的对象。[1]从法理上看，凡是由公民参与网络活动而产生，进而被网络平台所控制的数据集合都可纳入数据资源的范畴。故数据来源的范围十分广泛，包括商业性网络平台以及公共服务类网络平台上的数据。数据来源具有天然的公共属性，即指：每一个社会公民或组织都与数据产生直接或间接的联系，成为提供或写入数据的主体；数据流动中的每一个事物特征和活动状态都可以形成数据资源，[2]它是每个公民进行网络空间活动时必不可少的载体要素，发生应用于社会的公共领域，集成并展现了公民的公共意愿；数据一旦被公开即被认为处于公共领域，是任何人都可以自由使用的公共资源，具有非排他性和非竞争性。

有观点认为，基于数据来源的公共属性将数据资源视为一种"共有资源"，既非私人所有，也非国家所有，而是人类共同享有所有权和使用权的公共产品。倘若人人皆为数据资源的所有者，则任何人都有权对数据资源进行自由地收集、使用和交易。在数据被收集且组成数据集之前，数据来源主体对数据享有完全的所有权；但在数据成为数据资源的一部分后，网络平台往往才是数据的实际控制者。数据来源与数据控制的分离势必会造成数据市场经营主体恣意地使用数据的现象，导致数据资源开发和生产

---

〔1〕 参见高富平："数据生产理论——数据资源权利配置的基础理论"，载《交大法学》2019年第4期。

〔2〕 参见大数据战略重点实验室著，连玉明主编：《数权法1.0：数权的理论基础》，社会科学文献出版社2018年版，第213页。

中出现"公地悲剧"。[1]在"公地悲剧"下，数据控制者过度追求自身利益的最大化而导致整体的利益恶化，而国家却没有权力排除数据控制者对数据资源的无序开发和使用，最终将导致数据资源的枯竭。美国学者理查兹（Richards N. E.）提出的"大数据三大悖论"之一的"权力悖论"[2]中也提到，大数据是改造社会的强大力量，但数据资源往往掌握在各大权力实体手中，而牺牲了个体的利益。当前数字社会流行"重私利，轻公益"的数据观念，数据资源利益的天平倾向于数据控制者（各大网络平台），个体与平台力量上的不对等将导致社会公共利益受到威胁的困局。在此情况下，私法层面已无法对数据资源的公共利益进行保障，更需要强调国家与政府的公益保护义务。以维护公共利益为己任的"数据资源归国家所有"模式下对数据资源的使用进行管制，更能维持数据资源的市场秩序，有助于实现社会效益和经济效益的均衡。因此，"数据资源归国家所有"的设置可以克服数据资源的自由获取悲剧，实现国家管理和公共数据利益保护的功能。

（二）数据资源的有价性与财产权利设定

传统的数据观认为，数据作为一种价值载体，其价值不在于数据本身，而在于其表达的内容。[3]然而，在人工智能、区块链等数字技术驱使数据交易日益发展的今日，"数据即资产"已成为一种互联网共识甚至法则。数据资源是具有使用价值和交换价值的客体，它不同于原油、矿石等自然资源，而是在大数据时代兴起的一种具有积累性和非消耗性的无形资源。数据生产者可以以接近零成本的代价对数据进行无限复制而不产生损耗。数据资源可以作为对象在数据交易平台或交易中心按照一定规则上市

---

[1] 参见刘超："气候资源国家所有权的社会功能与权利结构"，载《政法论丛》2014年第3期。

[2] Garrett Hardin, "The tragedy of the commons", 162 *Science*, 1968 (3859), pp. 1243-1248. 转引自庆启宸："个人信息保护制度的重构：由公地悲剧模型展开"，载《情报理论与实践》2019年第10期。

[3] 参见大数据战略重点实验室著，连玉明主编：《数权法 1.0：数权的理论基础》，社会科学文献出版社2018年版，第135页。

交易，数据产业者均享有有偿使用数据的权利。因此，数据资源的有价性便在于数据及其衍生品能像资本一样产生增值效应，[1]能为数据控制者或数据生产者带来直接或可预期的经济利益。以上这些为数据资源成为法律意义上的财产并设定数据资源财产权利提供了基础。此外，数据资源通常以"记录数据"的形态被保存，是公民参与网络活动而被网络平台以Cookies等管理工具记录的数据。数据资源作为数据的集合，本身识别不到特定身份的主体，故不具备人格属性，也不存在隐私数据保护的问题。对数据资源的使用一般不会对公民隐私权造成侵扰，也就不会与人格权保护相冲突，因而这在一定程度上也深化了数据资源的财产属性。

众所周知，财产需满足效用性、稀缺性和可控性三个基本条件。[2]数据资源的效用性体现在上文论述的使用价值和交换价值中，对数据资源的运用处理可以满足人们生产生活的各方面需要。在可控性上，虽然数据可以被无限复制或使用，但在实际运用中，数据资源的控制者可以通过相关技术隔离手段控制其掌握的数据，也可以通过授权限制来避免数据被传播或使用。同理，数据资源也具备事实上的稀缺性，通过对数据的控制，数据资源的供求关系和市场价格也能够成立。在《民法典》总则的"民事权利"一章中，第127条规定"法律对数据、网络虚拟财产的保护有规定的，依照其规定"。由此可见，在立法选择上将"数据"和"虚拟财产"并列是对数据的财产属性的认可，数据资源自然也具有了财产属性。基于数据资源的财产属性，便可对数据资源进行确权，考察其是否能纳入我国现有的财产权利制度体系内。为了避免数据资源获取的"公地悲剧"，有两种财产权利设定路径：一是将数据资源转变为私人所有权，使其具有排他性；二是在数据资源上确立国家所有权，将数据资源纳入国有资产管理框架。如上所述，数据资源的公共属性决定了一旦私人所有将会破坏公共利益；在我国《宪法》和《民法典》中，全民所有即为国家所有。因此，

---

〔1〕 参见肖冬梅、文禹衡："数据权谱系论纲"，载《湘潭大学学报（哲学社会科学版）》2015年第6期。

〔2〕 刘少军：《法边际均衡论——经济法哲学》，中国政法大学出版社2007年版，第177页。

在此逻辑的支配下，对数据资源采用国有财产权利的设定具有可行性。

（三）数据分析的社会效应与公共安全保障

数据分析是使用数据的基本手段，是挖掘数据价值、实现数据利益的主要方式。数据可以用来分析其描述对象以及活动规律，产生相应的统计结果或个体偏好，据此预测对象的行为以进行定向处理。大数据和人工智能提高了分析数据的技术和手段，数据分析一般不要求精确到个体，而是注重数据集合的类别化分析处理。对于相似相近的数据进行分类和重组，据此指导网络运营服务商进行产品或服务筛选以及广告的精准投放，[1]以达到盈利的目的。所以，数据资源中的单个数据实际与其他数据紧密相联，它们的集合能够对整个社会带来重大影响。数据处理者利用数据分析便可以了解到反映公共意愿的社会舆论，通过数据化处理对社会舆论的导向又可以反作用于社会公众的思维活动与生活方式，[2]甚至影响社会习惯。在大数据环境下，数据分析已作用于我们社会生活的方方面面，在信息通信、医疗卫生、商品服务、交通运输等领域发挥着重要作用。因此，数据分析与公共社会之间既相互影响又相互作用，由此带来的社会效应则有好有坏，这也体现了数据资源的社会属性。

轰动全球的剑桥分析公司肆意抓取脸书用户信息案[3]便是数据分析引发的恶性社会效应之体现。经媒体披露，在2016年美国总统大选期间，剑桥分析公司不正当抓取了5000万脸书用户的数据进行分析，根据用户的喜好运用到政治广告中去，企图进行政治干预。此事件在世界范围内不断发酵，加上两公司企图干预美国大选的传闻曝光，数据安全引发的公共安全问题引起社会各界的关注。由此可见，倘若不对数据分析加以管制，不受控制的数据利用可能会产生破坏社会秩序甚至危害国家安全的严重后果。鉴于当下数据科技还在发展的上升期，围绕数据展开的算法设计未必

---

〔1〕 参见［英］维克托·迈尔-舍恩伯格、肯尼思·库克耶：《大数据时代：生活、工作与思维的大变革》，盛杨燕、周涛译，浙江人民出版社2013年版，第127页。

〔2〕 参见张志安、曹艳辉："大数据、网络舆论与国家治理"，载《社会科学》2016年第8期。

〔3〕 参见Sandra1432："Facebook认罚50亿美元创纪录，剑桥分析事件尘埃落定"，载https://new.qq.com/omn/20200426/20200426A0KYHZ00.html，最后访问日期：2022年4月20日。

成熟，但数据分析已运用到社会生产生活的各领域。过于绝对的数据分析可能会造成一定程度的"误伤"，并引发数据安全事故，如在信用评分系统中误将信用良好的人的信用分数据标注降低等。其中，"个人信用评分模型的准确性与模型采用的训练数据有着密切的关系，拒绝推论问题的存在也降低了评分模型的价值与精度"，[1]由此带来的公共信任危机绝非私法制度可化解的。因此，基于公共安全保障的目的，须通过国家强制力对数据资源的应用进行治理，以维护社会的公共秩序与调控无序的数据市场。而"数据资源归国家所有"就是最有效的规范和调整手段，在此基础上通过数据分析与公共社会之间的相互影响和作用，规范有序的数据分析能够促进社会的稳定高效发展，保障社会的公共安全。

二、"数据资源归国家所有"的基本性质

随着信息爆炸时代的到来，数据资源成为新的生产要素。[2]以网络平台作为主导的网络信息市场不仅促进了数据的流动，还使得数据资源的商业价值不断提升。公共数据和个人信息已经成为重要的数据资源，从多方位影响着公民的人身、财产权利。虽然数据的市场化变革改变了传统数据流通定位和模式，但是网络平台与用户之间的市场化基础并未确立。确立"数据资源归国家所有"的权利构造不仅能够避免数据资源的完全市场化，更能够保证网络平台和公民个体数据权益的公平分配。

在法教义学语境下，合宪性解释只能简单地描述"数据资源归国家所有"的宪法状态，却无力解决它的权利构造问题。鉴于"用户所有（权）"和"平台所有（权）"的权利挑战，"数据资源归国家所有"必须借助于法教义学的"概念—体系"力量来明确自身的权利构造，以打破市场参与者对数据资源的权利垄断，进而形成以"国家所有"为基础的新型数据资源权利。明确"数据资源归国家所有"的权利构造，首要的障碍

---

〔1〕 魏礼群主编：《社会治理：新思想　新实践　新境界》，中国言实出版社 2018 年版，第296 页。

〔2〕 大数据战略重点实验室著，连玉明主编：《中国数谷》，机械工业出版社 2020 年版，第139 页。

是如何界定"国家所有"的法律性质。目前，宪法学界对"国家所有"的分歧可以划分为三种观点："公权力说""公共义务说"与"权利说"。其中，"公权力说"认为，"国家所有"体现出国家与"组织和个人"的不平等性分立，并通过立法、行政与司法等公权力手段来积极管理公共资源。[1]其实质是一种权力，即通过公共资源管理来实现公共福利的管理权力。[2]但与"公权力说"注重管理形式不同，"公共义务说"更重视国家维护公共财产的义务。直言宪法文本中的"国家所有"的意义，已经从最初的"社会主义公有制"的政治使命转向公共财产的"合理开发使用"，从而实现附着在公共财产上的公共性目的。[3]在此意义上，"国家所有"实际上构成国家（以及作为"国家"代表的政府）对所有公民的一项公共义务。[4]而"权利说"关注到国家作为公共资源、公共财产"所有"者以及"合理开发使用"者的双重身份，从而基于私法的权利构造逻辑，直接将"国家所有"上升为"国家所有权"。或许上述三种观点各具优势，也各有弊端。但2020年1月1日实施的《土地管理法》清晰地展现出法律对于"国家所有"的定性。《土地管理法》第二章的标题为"土地的所有权和使用权"，但其第9条仅明确规定"城市市区的土地属于国家所有"。按照"概念—体系"教义学方法的基本逻辑来看，《土地管理法》无疑将"国家所有"等同于"国家所有权"，与"使用权"并列。此外，"国家所有"在主体与客体上虽具特殊性，但土地承包经营权、建设用地使用权、宅基地使用权、地役权、自然资源使用权等用益物权已经证明，宪法层面的"国家所有"，已然在法律层面具有了"所有权"内涵。"国家所有权在本质上正是确定国家财产的归属关系和国家对国有财产的支配关系的权利。"[5]详述如下。

---

[1] 参见巩固："自然资源国家所有权公权说再论"，载《法学研究》2015年第2期。
[2] 参见徐祥民："自然资源国家所有权之国家所有制说"，载《法学研究》2013年第4期。
[3] 参见李忠夏："宪法上的'国家所有权'：一场美丽的误会"，载《清华法学》2015年第5期。
[4] 参见甘超英："新中国宪法财产制度的历史回顾"，载《中国法学》2010年第4期。
[5] 瞿灵敏："如何理解'国家所有'——基于对宪法第9、10条为研究对象的文献评析"，载《法制与社会发展》2016年第5期。

(一) 公权力说

公权力说认为"国家所有"是宪法创制、通过特定的管理形式管理公共财产的权力。公权力说的核心观点包括四点:第一,"国家所有"构成财产权的存在形式之一。"马克思和列宁主要是从财产法和财产权的角度来分析和处理'国家所有'这个问题的。他们希望国家能够从国家所有权上获得相应的收益"。[1]第二,"国家所有"的基本特征是国家垄断,并通过国家垄断防止个人利益损害国家利益。徐祥民提出国家垄断包括三种形式:经济垄断、政权垄断和阶级垄断。《宪法》规定自然资源属于国家所有属于经济垄断的形式,即国家对生产资料和人类生存条件实行的国家垄断。[2]第三,"国家所有"的本质是"干预",国家通过积极干预数据资源等资源以发挥其最大效用。第四,工具性价值为"国家所有"的主要意义。宪法规定"国家所有"并非将其作为最终目标,而是通过"国家所有"更好地利用公共资源。

"国家所有"并非对每个个体进行干预或是将公民排除在数据资源之外,而是由国家行使权力对数据资源进行综合管理,从而达成保障公共财产的工具性价值。工具性价值是公权力说的主要内容,主要通过不同权力来实现。首先,立法权在数据资源配置中处于主导性地位。《宪法》第9条确定了自然资源国家所有,为立法权的行使提供了方向指引。立法权可以对数据资源的"分配"和"管制"这两个方向制定具体性法律法规。其中,"分配"主要规定管理和支配数据资源的各个流程的权力由哪些主体行使。"政府理应成为公共数据的排他控制者,并可以根据公共利益的需要授权使用。"[3]而"管制"规定由国家针对不同资源通过管制手段进行积极干预。其次,从行政权的角度来看,行政执法需要落实到各级政府以及各个部门。政府执法时对数据资源的管理要严格遵循法律规定,行使公权力所作出的行政行为必须有法可依。要从公权力的角度来理解具体执行

---

〔1〕 参见程雪阳:《中国地权制度的反思与变革》,上海三联书店2018年版,第259页。
〔2〕 参见徐祥民:"自然资源国家所有权之国家所有制说",载《法学研究》2013年第4期。
〔3〕 胡凌:"论地方立法中公共数据开放的法律性质",载《地方立法研究》2019年第3期。

的方式和实际操作的范围，不能以管理者的意志代替社会公众的意志。但是在法律规定范围之内，管理者有一定的决策和裁量空间。最后，司法权对于公权力的行使具有重要意义。通常在行政机关行使公权力时与私主体产生利益纠纷时，司法权才能发挥作用。其作用主要体现在以下两点：其一，由于实践中数据资源的利用情形十分复杂，行政行为可能会导致许多利益关系体产生冲突。此时司法权可以更好地弥补法律的漏洞，为法律的进一步具体化提供有力依据。其二，司法机关通过行使司法权可以对行政机关进行审查和监督。当行政机关缺乏法律依据作出行政行为时，司法机关可以通过行政诉讼加以审查和纠正，从而保障行政机关更好地行使公权力。[1]

（二）公共义务说

公共义务说认为"国家所有"是一项财产权利，其作为一种公共财产制应当属于《宪法》第 12 条"社会主义的公共财产"范畴。相对于公权力说而言，公共义务说更侧重于公共属性。多数观点认为公共义务说有三个主要特征：第一，"国家所有"是国家管理公共财产的义务，与国家对自然资源、土地的权利相对应。义务主体是全体公民和其他组织，但是不能排除"国家"的基本权利主体地位。[2]第二，公共义务说具有公共性目的。国家可以在保证个体参与的前提下，充分凭借其在政治上的优势地位影响经济。通过有效管理、利用公共财产并限制他人使用的方法，达到维护公共利益、防止公共财产被私人因私利而滥用的目的。而从宪法意义的角度看，"国家所有"是政府对公共利益的管理，对人民应当承担的责任。所以，"国家所有"是一种公法上的义务。[3]第三，"国家所有"并非宪法上的"财产权"。从保障内容上来看，"国家所有"保护的是"公共财产"，而财产权保障的内容是"私有财产"。从核心上来看，"国家所有"的核心是防止他人滥用公共财产。财产权的核心是"货币价值"，只有将

---

〔1〕 参见巩固："自然资源国家所有权公权说再论"，载《法学研究》2015 年第 2 期。

〔2〕 参见李忠夏："宪法上的'国家所有权'：一场美丽的误会"，载《清华法学》2015 年第 5 期。

〔3〕 参见甘超英："新中国宪法财产制度的历史回顾"，载《中国法学》2010 年第 4 期。

"货币价值"普遍化才能实现经济系统的独立。从对经济系统的作用上来看，当"国家所有"是宪法所有权时，国家就可以通过政治影响经济系统，并通过"国家所有权"威胁经济系统的自主性。而财产权不仅能够保障货币制度，还能有效防止政治系统的干预。因此，国家不能成为宪法财产权的主体，否则会导致设立"国家所有"与宪法财产权的目的相矛盾。[1]

公共义务说从"公法人"和"私法人"这两个角度分别对"国家所有权"进行了分析。一方面，国家作为"公法人"，可以在行政活动中直接或间接行使公共权力。行政机关通过作出行政行为来直接利用公共财产，例如进行行政给付活动。国家也可以作为基本权利主体通过公法财团等间接从事行政活动。另一方面，国家作为"私法人"，既要保证对公共财产有效管理和增值，又要承担维护公共利益的义务。有学者提出，"国家所有权兼具私权的性质及公共权力的特征，是一种特别的私权"。[2]国家作为"私法人"，通常是通过成立具有司法组织形式的公司对公共财产经营管理，或者是通过实质民营化、公私合营等方式参与私法活动。国家作为"私法人"，在完成公共任务时需要接受公法规制，在进行经济活动时受到公私法二元规制或单独的私法规制。这样既能够实现公共利益，又能防止经济受到政治的过度干涉。[3]

（三）权利说

权利说主张"国家所有权"具有双重结构，即"宪法所有权"和"民法所有权"这两种权能。第一层面，"宪法所有权"是指"国家所有权"受到公法的调整，具有立法权、管理权等公法权能。国家作为公共资源的所有者，其公法权能体现在通过公法的规制来保证"国家所有权"恰

---

〔1〕 参见李忠夏："宪法上的'国家所有权'：一场美丽的误会"，载《清华法学》2015年第5期。

〔2〕 参见单平基、彭诚信："'国家所有权'研究的民法学争点"，载《交大法学》2015年第2期。

〔3〕 参见李忠夏："宪法上的'国家所有权'：一场美丽的误会"，载《清华法学》2015年第5期。

当、合理地行使。其中,自然资源的公法规范包括基础性规范和管制性规范。宪法规范即基础性规范,它决定公共资源基本法律属性。管制性规范中最常用的是行政处罚,由公权力掌控主动权。[1]第二层面,"民法所有权"强调国家是自然资源的管理者,通过确权性规范和授权性规范来保障自然资源的合理开发使用。确权性规范主要通过物权法治的方式对自然资源进行权利配置,将国家所有权私权化。授权性规范明确了特别法与物权法并列作为自然资源的救济性规范。

权利说运用了双阶理论来解释"国家所有权"。在双阶构造的框架中,宪法所有权与民法所有权两者不仅可以相辅相成,还可以充分凸显出宪法权利的指引、推动作用。国家通过运用公权力有效规制自然资源的使用和分配,将宪法权利辐射到立法、行政与司法之中。国家还可以通过私权利保证自然资源得到充分、有效地利用。与此同时,"国家所有权"的双重结构也决定了权利结构的双重性。第一层面,公权力对自然资源的制约意味着"全体人民的意志和利益制约着国家所有权的指向和目的",[2]全体人民有权通过民主程序对国家所有权引导和管理。第二层面,全体人民可以通过私法对自然资源行使占有、使用、收益、处分等权利,在私主体之间产生法律效力。

公权力说、公共义务说和权利说基于不同的理论具有其特定的适用范围,各自具备优势和弊端。自然资源国家所有权在宪法文本中就已经规定明确,《宪法》第9条是自然资源国家所有权的逻辑原点。不仅在第1款中明确了"国家所有"就是"全民所有",还在第2款中规定了对自然资源的合理利用是宪法赋予的基本权利。同时,在自然资源特别法中对各类型自然资源的使用权制定了详细的规范。这些都与用益物权性质相当,具有私法的特征。例如,《海域使用管理法》第四章的标题为"海域使用权",其第19条规定,"海域使用申请经依法批准后,国务院批准用海的,由国务院海洋行政主管部门登记造册,向海域使用申请人颁发海域使用权

---

[1] 参见税兵:"自然资源国家所有权双阶构造说",载《法学研究》2013年第4期。

[2] 参见叶榅平:"自然资源国家所有权的双重权能结构",载《法学研究》2016年第3期。

证书……"。《海域使用管理法》明确表示海域使用申请人可以取得海域使用权，并且对海域使用权的取得、效力、保护等方面进行了详细的规定。国家作为所有权主体来让渡海域使用权，[1]体现了"国家所有"具备了"所有权"的本质属性。

三、"数据资源归国家所有"的权利生成路径

（一）基于合同约定的所有权假设

基于合同约定的所有权是指由网络平台与用户之间签订合同来约定数据资源的归属，合同中通常约定数据资源所有权归属于网络平台。其实质是，当网络平台与网络用户签订网络用户协议时，双方就数据资源的占有、使用、收益的权利义务关系作出了约定。[2]通常网络用户在注册或登录账号前，必须在选择同意软件弹出的用户协议后方能使用网络平台提供的服务。[3]例如，淘宝软件在《淘宝网隐私权政策》中明确规定："为实现向您提供我们产品及/或服务的基本功能，您须授权我们收集、使用的必要的信息。如您拒绝提供相应信息，您将无法正常使用我们的产品及/或服务"。规定网络平台拥有数据所有权既能有效解决数据资源难以控制的难题，又能通过网络平台对数据的技术性处理使数据增值。

然而，在网络平台和网络用户的合同关系中，网络用户往往处在劣势地位。用户的数据权利通常难以得到保障。原因如下：其一，网络服务合同是格式合同，网络平台可能利用格式合同制定规避己方责任、限制用户权利的条款。其二，从网络用户的角度来看，网络协议通常内容过长、字数太多，内容十分繁杂。与此同时，网络用户群体广泛、法律保护意识参差不齐。绝大多数用户不会认真阅读网络服务合同就会选择"同意"，由

---

〔1〕　参见闻海燕主编：《浙江蓝皮书：2017年浙江发展报告·经济卷》，浙江人民出版社2017年版，第230-231页。

〔2〕　参见杨立新："民法总则规定网络虚拟财产的含义及重要价值"，载《东方法学》2017年第3期。

〔3〕　参见赵天宇："网络服务合同中不平等条款的类型及其法律规制——以虚拟财产权的保护为视角"，载《西南政法大学学报》2020年第2期。

此导致网络平台谋取到数据资源的所有权。其三，网络平台利用其强势的地位不断扩张。利用自身的"协议权利"限制用户权利，使网络用户必须同意协议才能得到其提供的网络服务。网络平台在表面上创造了协议合法性的假象，但本质上该协议并非用户的真实意思表示。所以这样的协议依然是不平等合同。

不仅如此，网络运营商在掌握大量数据后通常会采取两种数据管理方式：对数据进行技术性处理，关联公司及服务提供商共享数据。这样的管理方式会导致用户的数据权利更容易受到侵犯。根据中国信息通信研究院《2020"互联网+行业"个人信息保护研究报告（2020 年）》："电子商务个人信息流转链条越长，涉及的数据处理者越复杂，保护难度越大。"例如，《淘宝网隐私权政策》中表明："对个人信息采取技术措施和其他必要措施进行处理，使得接收方无法重新识别特定个人且不能复原，则此类处理后数据的使用无需另行向您通知并征得您的同意。"在脉脉非法抓取使用新浪微博用户信息案中，被告公司没有向脉脉用户充分告知上传个人信息的要求以及后果，在未经用户同意情况的下公开用户信息。因此，基于合同约定的所有权无法保证网络运营商与网络用户能够公平地分配数据资源权。只有将数据使用权交由强大的第三方，由第三方在数据使用上设置合理的边界才能保障双方的权利义务。否则这样的权利生成路径会导致更多的网络市场垄断和不正当竞争的现象出现。

（二）基于无体物的知识产权路径

数据资源本身是无体物，[1]在本质属性上具有非物质性、不占有一定的空间等特质。这些特质恰好符合知识产权的一般属性。除此之外，数据资源还具有公共政策的属性和经过使用不发生有形损耗的特征，这些都与知识产权的特征十分相似。[2]因此，我们可以尝试基于无体物的知识产权路径。但实践中存在许多问题使得数据资源难以归入知识产权下加以保护

---

〔1〕 贵州省人民政府学位委员会办公室编：《贵州省第二届硕博论坛论文汇编（上）》，贵州大学出版社 2016 年版，第 35 页。

〔2〕 参见王迁：《知识产权法教程》，中国人民大学出版社 2011 年版，第 10-11 页。

和利用。

1. 知识产权体系要求知识产权具有新颖性、实用性、独创性三个特点

第一，新颖性要求该知识产权必须是前所未有、首创的。而数据资源是由原始用户信息或是经过技术性处理得到的，且无法得知该数据是否已经被多个平台使用或使用同样的技术处理过。因此，数据资源的新颖性无法得到保证。第二，知识产权的实用性是指内容本身具有可实施性。"一项发明只有具有产业上的可实施性，才能保证申请人和公众获得相对更加直接的利益。"[1]而一些通过算法整合后的数据资源，仅作为预测性质的讯息，更多的保护价值体现在收集者收集、整合的过程。所以数据资源不具备知识产权体系的实用性。第三，知识产权的独创性包含了三种意义。其一，知识产权的作者是人类。数据资源多是完全由计算机自动生成，仅有部分原始数据有人类的参与。其二，"独"代表作品是由作者独立创作的。数据资源虽是由独立主体收集或整理完成，但是相同主体可能会接触并收集到相同用户群体的数据并破坏作品的独立性。其三，"创"意味着作品的创造性，也就是作者通过符号、文字等要素进行遴选并组合完成达到创造性的标准。数据资源依赖于特定的算法和硬件生成，很难判断是否具备创新性。所以，数据资源很难达到知识产权对于新颖性、实用性和独创性的要求。[2]

2. 知识产权具有人身性与财产性的双重属性，并且人身性与财产性能够精准定位实现自身的可产权化

与知识产权相比，数据资源更具有非直观性、片面性。并且用户只是对数据享有法律上的"占有"，本身不具有信息自决权。因此，网络用户普遍对数据并不具有独占性。事实上，多个网络平台和终端都可以掌握同一数据并享有占有、使用、收益、处分的权利，而缺乏知识产权基本特征的数据资源无法将人与数据之间一一对应。这会就导致数据所有人无法实

---

〔1〕 参见宋岩："专利实用性与充分公开的竞合适用问题浅析"，载《知识产权》2015 年第 12 期。

〔2〕 参见司马航："用户数据的知识产权属性之辩"，载《科技与法律》2019 年第 6 期。

现数据资源的财产化。

最后，数据资源侵权的情形取证困难。原因有两点：其一，数据资源的部分公开性造成数据资源很容易被他人窃取，对数据进行复制的成本很低。在大数据时代，重复使用对数据资源本身并不会产生损耗，信息泄露的情形在实践中已经十分普遍。其二，相似的网络平台对"数据库"中的数据进行提取或处理时，很容易生成与被侵权作品十分相似的作品。[1]因此，数据资源基于无体物的知识产权路径无法成立。

（三）基于有体物的物权路径

数据资源具有排他性和相对独立性，符合物权的基本要求。所以，可以尝试基于有体物的物权路径——将"数据资源"权属归入物权，使数据资源权符合物权法意义的权利构造。物权的基本属性是绝对权，且所有人对自己的动产与不动产依法享有"占有、使用、收益和处分"权利。要想使"数据资源"权符合物权的权利构造，必须让所有人享有完整的对物品直接支配和排他的权利。但是，目前数据资源国家所有权面临被划分为两部分的局面：一是实践中网络服务平台的垄断性控制使得网络用户无法占有其数据资源，通常在接受网络服务前就会签订服务协议。并且协议中会约定数据资源的占有、使用、收益、处分的权利归平台所有。[2]二是国家通过"国家所有权"掌握数据资源，主要包括公共服务类数据资源。因此，在数据资源的利用缺乏所有人直接占有的前提条件下，"国家所有权"优势地位势必会入侵数据资源的权利边界。长远来看，不仅会导致数据资源市场受到政治系统的过度干预，还有可能会侵犯公民的个人权益。

因此，将数据资源权引入物权法范畴的同时，还应当增设数据资源的用益物权。在此基础上进一步设立数据资源的占有、使用、收益这三种权能。这样可以促进数据资源在市场中实现其交换价值，有效推动各地数据交易平台的良性发展。同时，"数据权利基于数据这一客体，涉及了多个

---

[1] 参见俞风雷、张阁："大数据知识产权法保护路径研究——以商业秘密为视角"，载《广西社会科学》2020 年第 1 期。

[2] 参见杨立新："民法总则规定网络虚拟财产的含义及重要价值"，载《东方法学》2017 年第 3 期。

主体的权利集合。在对这种权利集合进行研究时，不可避免地会出现权利主体诉求不一致和研究视角不一致的困境"。[1]正因如此，数据资源国家所有权的行使应当实行代表制。通过国务院授权或法定授权来确认可以利用数据资源的主体有哪些，具体应当如何利用。[2]厘清不同权利人在特定权利范畴内的义务和责任，高效实现数据资源的有用性和财产价值。例如，地方人民政府通过授权对特定数据资源行使权能，公民可以通过行使用益物权实现对数据资源的占有、使用和收益的权能。正因为数据资源用益物权的创设，数据资源的所有人与实际使用人的分离才能实现。在此基础之上，行政主体与市场主体之间才能维持应有的界分。如此不仅可以提升数据资源这一要素对市场的贡献率、凸显其经济价值，还能有效保障市场条件中货币化的数据资源流通得以自治。另外，在明确了数据资源权的所有人和实际使用人的前提下，还要对不同数据的性质进行判定和分类。不同的数据构成方式、产权形成依据不同，目前数据类型主要分为公共资源、私人信息、商业数据，法律还应当为这三类不同的数据界定合适的边界。所以，有必要针对不同类型的数据资源建立不同的保护规则，从而实现对数据资源的财产价值的安全保护和规范监督。

---

〔1〕 参见闫立冬："以'权利束'视角探究数据权利"，载《东方法学》2019 年第 2 期。

〔2〕 参见谢海定："国家所有的法律表达及其解释"，载《中国法学》2016 年第 2 期。

第四章
"数据资源归国家所有"的宪法解释

"数据资源归国家所有"已经在实践和理论上证明了该观点的可行性。但这并不意味着它可以成为法律领域的"免检产品"。事实上，所有的实践和理论都应当服从该国家的宪法，并能够从宪法条款和宪法精神中得到支撑。有鉴于此，从宪法视角重新审视"数据资源归国家所有"理论，有助于从法治基础层面明确"数据资源归国家所有"的宪法依据，从而在具体法治建设中得到贯彻实施。

一、"数据资源归国家所有"的宪法基础

"数据资源归用户所有"[1]与"数据资源归网络平台所有"两种权属分配模式分别在"物权""合同"进路上证明自身的合法性和建设性。但同时也折射出"数据互联"时代的"公地悲剧"，[2]即数据资源市场分配与公共利益之间的巨大分歧。从市场经济发展史来看，经济资源（如人才资源、知识产权、技术资源）的市场化流通，除了强调物权模式、[3]合同模式、[4]财产权模式[5]的确权功能，还必须重视国家的宏观调控与市场规制职能——至少在当前的中国法学界，两者在经济资源的分配理念上区别

---

[1] 参见［美］拉塞尔·沃克：《从大数据到巨额利润》，王正林译，广东人民出版社 2019 年版，第 304-308 页。

[2] See Garrett Hardin, The Tragedy of the Commons, 162 Science, 1968 (3859), pp. 1243-1248.

[3] 参见申卫星："论数据用益权"，载《中国社会科学》2020 年第 11 期。

[4] 参见金耀："数据治理法律路径的反思与转进"，载《法律科学（西北政法大学学报）》2020 年第 2 期。

[5] 参见金耀："数字治理逻辑下数据财产权的限度与可能"，载《暨南学报（哲学社会科学版）》2022 年第 7 期。

明显——由此导致经济资源在市场和国家的互动式调节中开展市场流动。但是，当前的数据资源权属分配模式不自觉地忽略了市场调节与国家调节互动的大量事实（如矿产、土地、无线电频谱等经济资源的国家所有权与使用权的分离），转而在市场调节与国家调节之间形成一种简单的功能分化，即市场调节依赖于市场参与者的实力对比与内部竞争，而国家调节是以国家强制力为后盾，保障与监管数据资源市场的"自生自发秩序"，[1]从而将国家调节的经济效果遮蔽在市场调节之下。实际上，市场经济发展史已经证明，单纯地依靠市场来调节经济资源分配，只能导致"资源垄断"和"低效使用"，而国家调节恰恰能够解决资源的合理使用与公平分配问题。

目前，经济资源的国家调节主要存在两种形式：一是基于宏观调控与市场规制的"国家干预"；二是基于公共资源合理使用的"国家所有"。在不涉及所有权归属争议的前提下，前者已经充分证明了自身在经济调节方面的卓越成效。但当经济资源权属不明或者市场化配置效率低下时，"国家所有"相较于"私人（或公司）所有"的优势就愈加凸显了。例如，美国、英国、法国对1973年石油危机的不同应对表明，所有权上的差异深刻影响着国家维护资源安全的方案选择。在"私人（或公司）所有"下，市场主体在市场经济中占据主动地位，且缺乏公共保护意愿。这样，国家处理资源危机的能力较弱，且处置成本较高。而在"公有产权（国家所有）"下，国家更加注重公共利益，更容易"通过行政与商业相结合的手段"来合理调节经济资源的使用，进而维护经济资源安全。[2]

在数据互联时代，数据资源之所以被视为"公共资源"的组成部分，不仅源于网络数据来源的"公共性"，[3]更主要的是它发挥作用的方式。

---

〔1〕［英］弗里德利希·冯·哈耶克：《自由秩序原理（上册）》，邓正来译，生活·读书·新知三联书店1997年版，第7页。

〔2〕参见宋亦明："国家维护能源安全手段的选择逻辑：产权制度的视角"，载《国际安全研究》2020年第1期。

〔3〕曹延莉："规范与重塑：互联网的公共性吁求"，载《中国社会科学报》2019年10月29日，第6版。

一般认为，数据资源并不致力于侵犯某一特定公民的合法权益，而是用于预判、影响某一类人的行为。当控制者通过统计、分析数据资源而引导公众作出某一选择（如政治选择、公众舆论导向、市场份额等）时，数据资源的"资源"性价值就会被"公共"性价值所取代。此时，数据资源与其说是一种市场资源，不如说是一种经过人为干预的公共意愿集合。因此，相较于"用户所有"的财产控制意义、"平台所有"的商业利益追求而言，以"公共数据安全"和"合理开发使用"为己任的"国家所有"模式，更能够适应当下"数据经济"市场化变革的时代要求。但是，为了推动数据资源的市场化流通，国家不能作为数据资源所有权人，来参与数据资源的市场经营活动。这是因为，"国家"这一数据资源经营者过于强大，而其他经营者难以与之竞争，其结果只会是国家垄断全部数据资源，竞争关系瓦解，市场消失。因此，在数据资源权属争议上，"国家所有"更多地体现为一种"所有者"优势，而非市场经营优势。数据资源经营权最终仍应交还给市场。

"国家所有"对数据资源权属分配的承载以及运转，既反映出"国家所有"的制度性优势，也表现出它同当前"用户所有""平台所有"之间的权益冲突。但制度优势无法证明"国家所有"的正当性，更无法消解国家、网络平台与网络用户之间的固有权益冲突（除非动用国家强制力来压制）。特别是近年来，我国出现多起数据资源权属纠纷案件。这些案件背后都涉及数据权属的争议，数据所有权的主体应是数据利益的所有人。当下数据涉及的利益相关主体众多，数据共享的情况也普遍存在，其开发共享效果很大程度上决定了数据的利用效率能否最大化。尤其是在当下，数据已经成为世界最宝贵的资源之一。因此，需要对数据进行科学合理地确权。[1]现今法学界主要从部门法的角度切入，围绕网络用户与网络平台这两个主体展开对数据权属的讨论。但无论从民法的财产权或知识产权以及反不正当竞争法的角度，都没有将数据的价值放到"资源性"这一重点上来，无法完全解决数据权属带来的平衡数据利用与利益保护的宏观问题。

---

〔1〕 参见包晓丽："二阶序列式数据确权规则"，载《清华法学》2022 年第 3 期。

在我国进行依法治国、依宪治国的时代背景下，有必要超越数据资源的现有规制路径，从合宪性解释的角度提出并证成"数据资源归国家所有"的模式。

有鉴于此，我国需要引入"数据资源"这一概念，将"数据"与"数据资源"区别开来。数据是指在网络及计算机上流通的以 0 和 1 的二进制组合表现出来的比特或比特流。[1]而数据资源则是指以数据分析为目的，对公共数据进行收集、整理、归类而形成的数据集。[2]对于数据资源，《宪法》上的"国家所有"不仅指国家通过占有数据资源而获益，而是通过市场经济的国家干预手段，基于对公共利益以及公共安全的宪法保护义务，从资源的合理使用出发，在现行法律体系的基础上对数据收益进行公平分配，以确保社会成员共同享有数据资源。基于"分配正义"的社会主义公有制，我们应当构建一种公共财产性的观念：作为一种集合性的非自然资源，"数据资源归国家所有"，国家负有保障公共利益和数据资源合理使用的义务，在发展数据资源生产的基础上，保障社会主体在数据资源收益上的公平分配。

二、"数据资源归国家所有"的合宪性解释

在我国，合宪性解释是基于合宪性审查制度所产生的一种法律解释规则，而不是一种方法。相较于文义解释方法、目的解释方法、体系解释方法而言，合宪性解释的价值在于判断不同解释方法对宪法规范的还原度，并"优先选用最能符合宪法原则者"。[3]因此，"数据资源归国家所有"的合宪性解释"并不是将宪法规范直接涵摄于个案事实，而只是参与建构法律适用的逻辑大前提"。[4]换句话说，我国如何运用不同的法律解释方

---

〔1〕 [英]维克托·迈尔-舍恩伯格、肯尼思·库克耶：《大数据时代：生活、工作与思维的大变革》，盛杨燕、周涛译，浙江人民出版社 2013 年版，第 104 页。

〔2〕 参见高富平："数据流通理论 数据资源权利配置的基础"，载《中外法学》2019 年第 6 期。

〔3〕 [德]卡尔·拉伦茨：《法学方法论》，陈爱娥译，商务印书馆 2003 年版，第 217 页。

〔4〕 黄明涛："两种'宪法解释'的概念分野与合宪性解释的可能性"，载《中国法学》2014 年第 6 期。

法，为"数据资源归国家所有"提供宪法性支撑，就成为"数据资源归国家所有"权属分配模式得以确立的重要依托。从宪法文本来看，我国《宪法》只为"数据资源归国家所有"预留了两种可能的进路：（1）《宪法》第9条"自然资源归国家所有"；（2）《宪法》第12条"国家保护社会主义的公共财产"。

在"自然资源归国家所有"的文义解释进路下，《宪法》第9条采用"列举+上位概念"的立法模式，明确了"矿藏、水流、森林、山岭、草原、荒地、滩涂"资源的国家所有属性。即便使用"等"字来保持资源种类的开放性，但也因为"自然资源"这一上位概念的限定，而无法将"数据资源"吸收到《宪法》第9条中。然而，文义解释的失败并不意味着合宪性解释的终结，修宪目的更有利于我们厘清《宪法》第9条的真谛。实际上，在1982年修宪时，"自然资源归国家所有"旨在依托"国家"的理性人预设来保证资源的合理使用，并对抗"组织和个人"的不合理使用财产。但随着"国家所有"与市场经济的深入结合，"所有者"与"经营者"合一的"国家"开始从"完全理性"走向"有限理性"，进而导致"合理使用"的约束对象包括了"组织和个人"以及"国家"。在宪法变迁过程中，《宪法》第9条的核心结构也从自然资源的"权属分配"发展到"合理使用"。[1]在此，倘若基于立法目的而扩张解释，将"自然资源"强硬地解释为"自然资源与数据资源"，恐怕仍缺乏足够的说服力，好在我国《宪法》第12条为"数据资源归国家所有"提供了补充性解释空间。

我国《宪法》第12条规定了"国家保护社会主义的公共财产"。但从"五四宪法"到"八二宪法"的发展历程来看，"公共财产"在《宪法》中的指称范围已经发生了明显的变化。近些年来，乌木案、太空陨石案、狗头金案、野生中草药案、无线电频谱案等新型司法案件更是不断扩张着"公共财产"的规范范围。[2]由此可见，《宪法》中的"公共财产"在当

---

〔1〕 李忠夏："'社会主义公共财产'的宪法定位：'合理利用'的规范内涵"，载《中国法学》2020年第1期。

〔2〕 金可可："论'狗头金'、野生植物及陨石之所有权归属——再论自然资源国家所有权及其限度"，载《东方法学》2015年第4期。

下构成一个开放性的法律概念，其范围不仅包括矿藏、水流、森林等自然资源，还包括无线电频谱、外太空陨石等资源。鉴于"公共财产"的开放性结构，我国可以通过文义的扩张性解释，将数据资源纳入"公共财产"，从而以国家所有的方式保护和合理使用数据资源。

（一）资源的"合理使用"

作为一切可以被人类开发和利用的物质、能量、信息等要素，资源的合理使用可以说是一种宪法上的任务要求。单从《宪法》文本上看，在《宪法》第9条第2款规定的"国家保障自然资源的合理利用"以及第10条第5款规定的"一切使用土地的组织和个人必须合理地利用土地"中都明确规定了对资源的"合理利用"要求。尽管《宪法》文本中"合理利用"的范围不能涵摄"资源"的所有范畴，但随着我国改革开放和市场经济的推进，"合理利用"的规范内涵在宪法变迁的背景下也发生了相应扩展，成为我国"公共财产"制度的本质结构。[1]"合理利用"实际上明确了国家在资源使用活动中的宪法功能定位——保障合理利用。[2]"保障"意指国家应当为资源的使用提供支撑和条件，以确保其"合理"进行。回到数据资源中，这里对"合理"的要求包含三层含义：（1）社会主体对数据资源的使用不是绝对的，国家负有对数据资源的归属和分配进行规制的义务。（2）对资源的利用不是任意的和无序的，必须控制在一定的限度和范围内，以保障公共财产的可持续发展，任何组织或个人不得恶意使用、侵占或破坏数据资源。（3）为了实现数据资源利用效率的最大化，在释放数据资源市场活力的同时还要注重对数据资源分配的国家调节。

数据资源的"合理使用"，就是要使数据资源呈现可持续发展的状态，合理地对其进行开发利用，保障数据资源实现物尽其用。大数据时代，数据的规模庞大，但实际的数据利用效率并不高。当前的数据权属私有分配

---

〔1〕参见李忠夏："'社会主义公共财产'的宪法定位：'合理利用'的规范内涵"，载《中国法学》2020年第1期。
〔2〕参见巩固："自然资源国家所有权公权说再论"，载《法学研究》2015年第2期。

模式导致数据市场的"企业数据资源垄断"和"社会化低效使用"的问题严重，如何充分发挥数据资源的价值成为一个社会难题。科斯产权理论的第二定理提出，在交易费用大于零的世界，不同的产权界定会带来不同效率的资源配置。[1]因为产权制度的不同会影响到交易成本的差异，进而影响到资源配置的效率。所以，基于"合理使用"的目的，实现数据资源的优化配置和使用效率的最大化，选择"合理"的数据资源产权制度是确有必要的核心问题。而数据资源的高度公共性决定了数据资源的权利配置将直接影响到社会生活和人类文明的未来发展，这一属性决定了国家调节数据资源的正当性和必要性。倘若单纯依靠数据市场来调节资源分配，将会导致数据资源的社会化利用丧失"合理"性。因此，国家必须掌握数据资源使用的主导权，从社会公共利益的国家高度出发，建立起数据资源的国有产权制度。基于资源合理使用的目的在数据资源上设定国家所有权，以对抗任何组织或个人的恣意使用，最终实现附着于其上的公共目的。[2]

（二）基于"分配正义"的社会主义公有制

我国宪法上的"资源归国家所有"是社会主义公有制的重要形式。宪法中公有制条款规定我国生产资料的社会主体公有制是全民所有制和劳动群众集体所有制，并明确规定"国家所有"即"全民所有"。这表明"资源归国家所有"将"全民"在宪法上拟制为"国家"这一人格，并由这一人格来保证全民利益的共享。[3]而如何以"国家所有"保证在数据资源分配上的"全民所有"？在当代中国，社会主义公有制的关键在于社会平等分配、实现社会正义。此时应站在正义论的立场，追求在尊重自由的基础上体现实质平等的"分配正义"。随着人类社会的不断发展，生产资料发生了两种变化，一部分生产资料变得富足，而另一部分生产资料变得更加

---

〔1〕 参见大数据战略重点实验室著，连玉明主编：《数权法 1.0：数权的理论基础》，社会科学文献出版社 2018 年版，第 243 页。

〔2〕 参见李忠夏："宪法上的'国家所有权'：一场美丽的误会"，载《清华法学》2015 年第 5 期。

〔3〕 参见王旭："论自然资源国家所有权的宪法规制功能"，载《中国法学》2013 年第 6 期。

稀缺。数据虽然可以无限复制产生效益，但真正具有使用价值和交换价值的数据资源极具稀缺性，基于此，实现数据资源的"分配正义"确有必要。现今数据资源的"分配正义"主要面临着既得数据资源利益群体的阻力，社会上绝大多数的数据资源还尚在以商业性网络平台为主的数据寡头的控制下，他们带来了一定的"数据垄断"。倘若不建立数据资源的国家所有制度，必然会造成这些既得利益者带来的社会剥削的存在。消灭对生产资料的剥削是社会主义公有制的制度功能，而数据资源在本质上就具有非排他的公共属性，即"公民在整个社会的生产资料的关系上处于同等的地位"，为免公共利益被少数人所剥夺，国家要防止资源被任何人独占或垄断，以实现"全民"的公正受益。

设定国家对数据资源的所有权的目的不是对其进行排他性占有，而是为了更合理地进行社会分配。正如马克思所言，生产资料的国有化绝不是针对国家对生产资料的垄断，而是社会所有制和个人所有制的基础。[1]所以宪法上的"国家所有"本质上是一种国家义务，是通过国家对国家财产的支配来进行对数据资源使用的社会平等分配，是"基于分配而占有"的国有模式。建立数据资源国家所有，原则上可以排除国家之外的任何组织或个人对数据资源主张所有者权利，以防止数据资源过度的"非全民化"。[2]"国家所有"并不指任何组织或个人可以代表国家对数据资源进行任意地占有和处分，国家作为数据资源的行使主体并不能享有特殊利益，全体人民才是数据资源利益的享有者。通常财产权是一种不受侵犯的消极防御权利，但公共财产权则可以以一种积极的方式运行，[3]通过合理地安排社会成员对数据资源共同收益，以实现国有资产取得和支配的经济效益和社会效用的最大化。

此外，"数据资源归国家所有"以社会主义公共财产来保证社会财富

---

〔1〕　参见《马克思恩格斯全集（第四卷）》，人民出版社 1995 年版，第 742 页。转引自王广辉、谭家超："'国家所有'的本质回归及其现代法理"，载《学术研究》2018 年第 1 期。

〔2〕　参见王旭："论自然资源国家所有权的宪法规制功能"，载《中国法学》2013 年第 6 期。

〔3〕　参见刘剑文、王桦宇："公共财产权的概念及其法治逻辑"，载《中国社会科学》2014 年第 8 期。

的公平分配，实现全民财富的增加，也是对我国《宪法》中"共同富裕"要求的回应。其中，"社会主义公共财产"的宪法功能主要体现在两方面：一是在社会主义初级阶段，国家负担发展生产力的任务，因此就需要通过"社会主义公共财产"来高效地发展经济，克制其他组织或个人市场行为的恣意性；二是基于"共同富裕"的目标，以"社会主义公共财产"来保证社会财富的公平分配。而"公民合法的私有财产"的宪法定位却较为复杂。除了不受侵犯、国家保护以及合法流转等财产性权利，私有财产所有者还负担着被"征收或者征用"的社会性义务。这也意味着，"在立法上，国家可制定合理限制财产权的法律对财产权的社会义务作出规定……在此理论指引下，有补偿的征税和有对价的征收作为对财产权的适当限制，具有了正当性基础"。[1]因此，对于"数据资源"而言，无论是作为公共财产还是作为私人合法财产公有化的结果，资源"公平分配"和"有补偿的征税和有对价的征收"都将保证网络用户成为数据资源市场化流动的实际获利者之一。而对于国家，"数据资源归国家所有"则进一步实现了公共利益保障和数据经济高效发展。至于网络平台的利益，就可以通过设定数据资源经营权的方式来实现。一旦网络平台涉及商业秘密的数据资源以及个人信息类数据资源被侵犯，国家就有义务对这种侵犯给予补偿。从而在数据资源市场化流通上形成国家、社会公众、网络平台之间"共建共治共享"的格局。[2]

（三）基于征收、征用的公私财产转化

国家保护社会主义的公共财产和公民合法的私有财产，[3]但私有财产在宪法上并不是绝对的，还会受到适当的限制。我国《宪法》第13条第3款规定，国家基于公共利益的需要，可以依法对公民的私有财产实行征收或者征用的方式以实现私有财产的公有化，并给予补偿。征收即国家对公民私有财产的强制取得，而征用则是对财产使用权的强制取得，所有权仍

---

〔1〕 刘剑文、王桦宇："公共财产权的概念及其法治逻辑"，载《中国社会科学》2014年第8期。

〔2〕 参见吴楠：《智慧城市建设的政府责任》，合肥工业大学出版社2018年版，第177页。

〔3〕 陈庆立主编：《宪法学习读本》，中国民主法制出版社2016年版，第143页。

属于公民。宪法中的征收征用，是通过将私有财产公有化通过法治化的方式，实现社会公共利益。所以公共利益的考量是财产征收征用中无法回避的前置条件和必要前提，是着眼于社会所有主体的共同利益。体现在数据资源中，公共利益要求即使数据资源收益为全体公民所共享，以保障和增进社会的公共福利。同时，《宪法》还规定了征收补偿条款，有补偿对价的征收征用将保证数据资源国有下公益与私利之间的平衡关系。为了维持这种利益关系的"对价"平衡，"数据资源归国家所有"应保障社会各主体数据财产权利义务的公平分配：一方面，基于社会公众在数据控制上的弱势地位，国家（以及作为其代表的政府）和网络平台应当向公民让渡一部分数据利益，以保障他们更容易获利；另一方面，为激发数据市场的积极性，合理地保障网络平台的收益权。

根据征收、征用的公私财产转化，"数据资源归国家所有"具有了一定的正当性基础。在大数据领域，基于公共利益的需要，国家可以对网络平台控制的数据资源进行征收征用，将其转化为国家所有的公共资源进行利用。例如，在"互联网+公共服务"建设中，政府通过征收、征用网络平台控制的用户数据资源来实现私有财产向社会经济资源的转化。现今这一类的互联网平台所控制的数据资源规模庞大，而互联网企业在大数据分析和处理应用上又具有技术上的先发优势。在电子化行政中政府可能面临自身的数据资源不足以有效解决的特殊问题，此时为了实现公共服务供给的"公共利益"，可以在政府与企业之间建立数据资源公有化的征收征用制度，以构建容纳"数据资源归国家所有"的合宪性空间。

三、"数据资源归国家所有"的解释路径

在我国，合宪性解释并非一种独立的解释方法，而是产生于合宪性审查制度的一种法律解释规则，是指当一个规范存在多种合理解释时，应当排除与宪法不一致的解释，选择不与宪法相冲突或最符合宪法的解释。[1]故"数据资源归国家所有"的合宪性解释"并非将宪法规范直接涵摄于个

---

[1] 参见柳建龙："合宪性解释原则的本相与争论"，载《清华法学》2011年第1期。

案事实，而只是参与建构法律适用的逻辑大前提"。[1]因此，合宪性解释的任务便是运用目的解释方法、文义解释方法、体系解释方法等不同的法律解释方法，为"数据资源归国家所有"寻找宪法性支撑。分析宪法文本，可见我国宪法对于"数据资源归国家所有"设置了以下三条路径。

（一）以目的性解释推进"自然资源"的可数据化

从宪法规范的字面上看，现行《宪法》第9条第1款规定了"自然资源"这一重要生产资料的归属性质："矿藏、水流、森林、山岭、草原、荒地、滩涂等自然资源，都属于国家所有……"由于该款严格限定了其中的"国家所有权"的客体为"自然资源"这一上位概念，即便该款中的"等"可以扩展至"等"外部分，数据资源的非自然属性也决定了其不能被纳入《宪法》第9条"自然资源"的范畴。所幸的是，文义解释路径的行不通并不代表合宪性解释的绝境，基于立法目的我们也可以对该条进行目的性解释的考量。

目的性解释在合宪性解释中不乏先例，[2]如美国宪法中对于总统的定位为"合众国陆海军的总司令"，目的是赋予总统以指挥武装力量的权力。而当代军事科技发达，空军已成为世界各国的重要军事力量，通过目的性扩张解释方法，美国总统也被解释为"合众国空军的总司令"。联系到我国《宪法》中看，第9条第1款确定了国家对自然资源的所有权主体地位，而第2款规定的"国家保障自然资源的合理利用"，则是对作为所有权主体的国家应承担的社会义务之规定。此外，第2款中禁止任何"组织和个人"侵占和破坏自然资源的规定为自然资源的合理使用预留了制度空间，[3]只要是对自然资源的"合理使用"，就应当受到宪法的保障。此款

---

〔1〕 黄明涛："两种'宪法解释'的概念分野与合宪性解释的可能性"，载《中国法学》2014年第6期。

〔2〕 关于合宪性解释的形式，目前各方观点并不一致，存在"解释方法说""解释限度说"等观点。参见时延安："刑法规范的合宪性解释"，载《国家检察官学院学报》2015年第1期；苏永生："刑法合宪性解释的意义重构与关系重建——一个罪刑法定主义的理论逻辑"，载《现代法学》2015年第3期。

〔3〕 税兵："自然资源国家所有权双阶构造说"，载《法学研究》2013年第4期。

实际上构成了自然资源国家所有之目的依据，在 1982 年修宪时 "国家所有" 条款的设立并非为了建立 "国家" 对 "财产" 的所有权诉求，而是实现对资源 "合理使用" 的公共目的，以 "理性" 的 "国家" 对抗 "任何组织和个人" 的任意使用。但随着我国改革开放和市场经济的推进，国家开始参与到商品市场中，监管者和参与者的双重角色导致国家的 "理性" 程度变得有限，因此 "合理使用" 的约束对象在 "组织和个人" 外还包括了国家。基于此，本条款的重点也从国家的消极保护转移到了 "合理使用" 的积极保护中来。自然资源权属制度设计的 "合理使用" 指的是国家需有效地调节和保护环境资源，实现资源的可持续发展和利用之最大化，确保社会成员共享自然资源。这也与数据资源 "合理使用" 的核心目的不谋而合。然而，倘若基于上述逻辑而进行目的性的扩张解释，将 "自然资源" 解释为 "自然资源与数据资源"，难免过于牵强。因此，还需宪法中的其他条文为 "数据资源归国家所有" 提供补充性解释的空间。

（二）以文义解释扩张 "公共财产"

我国《宪法》第 12 条规定了 "国家保护社会主义的公共财产"。"公共财产" 是相对于 "私有财产" 而言的，包括国有财产和集体财产，其强调财产因公有而附着的 "公共" 目的。[1] 在新中国成立初期，"五四宪法" 对于社会主义公共财产的任务要求是通过社会主义改造不断地发展生产资料的社会主义公有，以消灭私有为目标；并在第 12 条第 1 款用 "神圣不可侵犯"，给予其绝对优先的保护地位。[2] 而在 "五四宪法" 到 "八二宪法" 的发展过程中，"公共财产" 的功能结构已经发生了明显的改变。"八二宪法" 确立了 "公私财产并存" 的二元财产结构，公共财产的功能重心也从 "防止侵犯" 变迁到 "合理使用"。故在我国社会主义初级阶段，公共财产大量存在，其功能定位在于保障合理使用、实现利用效率最大

---

〔1〕 李忠夏："'国家所有'的宪法规范分析——以'国有财产'和'自然资源国家所有'的类型分析为例"，载《交大法学》2015 年第 2 期。

〔2〕 参见李忠夏："'社会主义公共财产'的宪法定位：'合理利用'的规范内涵"，载《中国法学》2020 年第 1 期。

化，核心要义是保护社会主义的公共利益。基于以上的功能定位，"公共财产"的指称范围必然会发生一定的变迁，且应当是不断向外扩张的。

近年来，外太空陨石案、文物案、恐龙化石案、[1]共享单车占用城市道路案、[2]小灵通清频退市案等新类型司法案件引起"公共财产"范围的扩张。传统的公产理论并不承认无体物属于公共财产，但随着数字科技的发展，许多无体物在公共领域发挥重要作用并关系到社会公共利益，已经具备了成为公共财产的条件。故而我国宪法中的"公共财产"在社会的发展中逐渐成为一种开放性的法律概念，不断容纳新型的财产类型，其范围不仅包括自然资源，还包括外太空陨石以及人工产生的无线电频谱等其他资源。数据资源作为一种广泛运用于人类生产生活各领域的非自然无体物，其公共属性决定了数据资源符合公共财产的法律特征和要求。因此，可以通过对《宪法》第12条进行文义的扩张性解释，将数据资源吸收到"公共财产"的范畴中，以"数据资源归国家所有"来保护和合理使用数据资源。

（三）以体系解释诠释"国家合理安排积累和消费"

根据我国《宪法》第14条第3款规定，国家要在发展"生产"的基础上合理安排积累和消费。生产资料是人们从事生产所必需的一切资源或工具，马长山教授提出数据资源作为当代最普遍而重要的公共性资源，已经成为一种新的生产资料，算法成为新的生产力。[3]据此，基于数据的公共属性，可以通过文义的扩张解释将"数据生产"纳入社会"生产"的范畴。此外，我国《宪法》第6条第1款规定了我国基本经济制度的基础是生产资料的社会主义公有制，即全民所有制和劳动群众集体所有制。亦即在社会主义公有制下生产资料应归国家所有，可以基于此将作为当代生产资料的数据资源吸收到社会主义公有制的范畴中。

---

〔1〕 参见金可可："论'狗头金'、野生植物及陨石之所有权归属——再论自然资源国家所有权及其限度"，载《东方法学》2015年第4期。

〔2〕 参见叶姗："城市道路资源经营性使用的法律规制——基于互联网租赁自行车市场的发展"，载《比较法研究》2019年第2期。

〔3〕 马长山："智慧社会背景下的'第四代人权'及其保障"，载《中国法学》2019年第5期。

　　宪法的条文或宪法规范并非孤立存在的，而是包含在一定的文本体系中，[1]故在对宪法条文进行法理解释时应具备体系性的思维。站在宪法体系内部结构的角度，第14条在宪法的总纲中的地位是对实现我国国家经济目标的内容体现，是对经济管理和经济运行方式的规定。本条款体现的价值目标是国家在解放和发展社会"生产"的同时，还要兼顾国家、集体和个人的"利益"，改善人民的生活。在整体的宪法语境下，国家"合理"安排积累和消费就是国家要"合理"发展社会主义先进生产力，数据生产为一种先进生产力，基于此，可以扩张解释为国家负有"合理"发展数据市场经济的义务，即数据资源的"积累"与"消费"须达到平衡的状态。"积累"代表社会公益，"消费"代表个体私利，只有以国家所有的方式对数据资源市场的发展进行国家调节，寻求"私利与公益的协调统一"，[2]"积累"与"消费"才能得到合理的安排，以达到国家、集体和个人的利益兼顾。通过体系的扩张解释，将"数据资源"纳入"积累和消费"的范畴，便为"数据资源归国家所有"提供了合宪性的空间。因此，《宪法》的第6条与第14条可以结合构成一个完整的"数据资源归国家所有"的规范，其规范内涵为：基于生产资料的社会公有制，"数据资源归国家所有"，国家负有保障公共利益和数据资源的合理使用的义务，兼顾国家、集体和个人的利益，在发展数据资源生产的基础上，逐步改善人民的物质和文化生活。

　　数据资源是公民进行网络活动以及大数据产业发展的要素和关键，而数据资源的权利和权属问题关系到社会各主体的利益。通过分析数据资源权属争议背后的宪法问题，"数据资源归国家所有"的提出，为数据资源确权提供了新的解决方案。数据资源的公共性、有价性和社会性是数据资源权属问题的逻辑起点，在此基础上国家负有公益保护义务和安全保障责

---

[1] 程雪阳："论'城市的土地属于国家所有'的宪法解释"，载《法制与社会发展》2014年第1期。

[2] 龚天平："面向实践的中国经济伦理学寻求私利与公益的协调之方——斯蒂芬·杨'道德资本主义'经济伦理观的意蕴"，载王小锡、王露璐主编：《面向实践的中国经济伦理学》，南京师范大学出版社2011年版，第108页。

任。为了使资源得到"合理使用"，[1]可以建立基于"分配正义"的社会主义公有制以及基于征收、征用的公私财产转化，并"通过技术赋能来保障各方在数据交易市场中的数据所有权、使用权、支配权和收益权"。[2]

无论是从文义表达、立法目的还是宪法文本的体系结构来看，大数据时代背景下的"数据资源归国家所有"，都应坚持社会主义公有制、展现社会主义优越性，并可以在合宪性解释中得到支撑。当前我国尚处于数据科技的发展上升期，数据保护制度以及数据交易规则还处于形成阶段，具体由何种主体以何种方式来实际支配和使用数据资源的后续议题还需要法学界的进一步研究。

四、"数据资源归国家所有"的实施路径

(一)以"公共财产"分离数据资源的占有与使用

受"国家所有权"的影响，我国法律体系为数据资源确权提供了两种基本的权利构造，即基于有体物的物权构造，以及基于无体物的知识产权构造。鉴于"数据资源"属于无体物、虚拟物，我们似乎可以将"数据资源"权属纳入知识产权体系加以保护和利用。但实际上，数据资源不仅在新颖性、创造性和实用性方面，无法达到《著作权法》《商标法》以及《专利法》的要求，[3]还难以通过创设新型知识产权法的方式来实现自身的可产权化。这是因为，知识产权法的立法逻辑在于通过"无体物可视化"的方式，将"人"与"知识"精准对位，从而实现知识的财产化、权利化。而数据资源在缺乏新颖性、创造性和实用性特征的情况下，根本无法实现数据内容与所有权人逐一验证。因此，数据资源的知识产权构造缺乏法律可行性。

---

〔1〕 有学者将《著作权法》关于"合理使用"的规定作为数字资源法治化的一个路径。参见聂应高：《数字信息检索技术》，湖北科学技术出版社 2018 年版，第 268 页。

〔2〕 张彬主编：《数字经济时代网络综合治理研究》，北京邮电大学出版社 2019 年版，第 145 页。

〔3〕 参见张玉洁："公共卫生风险下的医疗数据流通及其治理变革"，载《河北法学》2020 年第 6 期。

而按照物权的权利构造来看，只有所有人对物品享有完整的"占有、使用、收益和处分"权能，才能形成物权法意义上的"所有权"。但受数据资源"平台控制"的影响，数据资源国家所有权正在造成"国家所有"和"平台占有"的二分局面。这也意味着，在数据资源的所有人并未直接（也无法）占有该无体物的情况下，国家基于"所有权"对数据资源使用、收益和处分，就很难控制。"'国家'凭借基本权利而加强其政治上的优势地位，从而对经济系统的自主性产生威胁。"[1]为了有效推动数据资源的市场化流通，"数据资源归国家所有"必须在物权法的基础上，创造出数据资源的用益物权——包括对数据资源的占有、使用、收益三种权能——数据资源的国家所有权也只能实行代表制，通过法定授权或国务院授权的方式来授予其他国家机构实施具体职能，[2]从而实现数据资源的所有人与实际使用人之间、行政主体与市场主体之间的分离，保证数据要素"由市场评价贡献、按贡献决定报酬"。

数据资源用益物权的权利客体是"信息集合"。众所周知，单纯的信息无法直接录入计算机，必须将其转化为数据形式并经过清洗、挖掘才可以使用。但是，在使用数据资源带来便利的同时也带来了安全风险。数据资源中包含了涉及人格、隐私、主权等多方面信息，多元的数据主体和不同的利益诉求很容易导致在运用数据资源时权利之间相冲突。大量的数据资源掌握在少量的数据权利人手中，很容易使个人隐私无所遁形。[3]与此同时，数据资源的运用还存在国家公权力与个人数据权利之间的边界模糊、何时应该让渡权利等问题。而"信息集合"这一概念能够很好地解决上述问题。"信息集合"是存在明确"集合点"的一组数据信息。"集合点"就是这组数据的共同特征，能够明确权利归属的边界并且将同类数据信息集合起来。"信息集合"的形成需要在保证正当价值的前提下进行，正当价值包括内容与归集的正当性两个方面。"信息集合"的形成是在对

〔1〕　李忠夏："宪法上的'国家所有权'：一场美丽的误会"，载《清华法学》2015年第5期。
〔2〕　参见谢海定："国家所有的法律表达及其解释"，载《中国法学》2016年第2期。
〔3〕　参见闫立冬："以'权利束'视角探究数据权利"，载《东方法学》2019年第2期。

数据资源进行整合和价值分析后加以脱敏脱密、建模，能够很好地化解一组数据中存在多个主体和价值标准的问题。例如，个人信息数据归属于个人，而经过整合、处理的"个人信息集合"能够成为权利客体。

"信息集合"的引入具有重要价值。"信息集合"在更好地保护公民个人隐私的前提下，能够极大程度地实现不同企业、单位之间的数据共享、共联。"信息集合"的引入不仅能够使数据尽可能地不重复，独立于应用服务并能够得到集中的管理和控制。"信息集合"的安全性和可靠性还有利于财产权利的交换，促进数字经济的快速发展。由于"信息集合"不再将"公权力"与"私权利"的矛盾作为整合信息的支点，而是将两者归类到某一种权利内涵之中。因此，将"信息集合"作为权利客体可以避免"公权力"与"私权利"的割裂。医学数据库就是典型的"信息集合"，[1]目前正在使用的"信息集合"有"循证医学数据库""骨密度数据库"等。正因为医学数据库改变了传统医学档案的模式，不仅可使患者的隐私得到更好的保护，各种信息的检索更加便捷。还能够使各种医学图像内容、特征的提取、查询更加高效，有利于进行更加准确与详尽的学术研究和广泛的医学应用。[2]因此，"信息集合"作为数据资源用益物权的权利客体不仅可以保障数据资源国家所有权，还对社会、经济、政治、文化等方面的蓬勃发展具有重要而现实的意义。

（二）以"分配正义"明确数据资源的交易机制

基于"分配正义"的数据资源国家权是指由国家将数据资源向社会公众公平分配，让公众平等地享有权利。从本质上来看，数据资源国家所有权的基础是"分配正义"，[3]确立数据资源国家所有权是为了保证劳动人民的整体利益和社会的长远利益。"分配正义"是指追求最大多数人的幸福生活，是"共建共治共享"的内在要求。其核心要义在于全面发挥党的

---

〔1〕 巩鹏、李晓枫、高晓虹主编：《实用临床流行病学与循证医学》，辽宁科学技术出版社2018 年版，第 200 页。

〔2〕 参见邓悟等："医学数据库应用的实践前景"，载《华西医学》2009 年第 3 期。

〔3〕 ［法］伊夫·夏尔·扎尔卡：《权力的形式：从马基雅维利到福柯的政治哲学研究》，赵靓等译，福建教育出版社 2014 年版，第 80 页。

领导作用和公众的参与作用，让全体人民平等地享受社会福利。分配正义的实现的核心要素是生产正义的实现，归根结底依赖于生产资料所有权的占有。马克思主义认为，正当与否应落实于经济利益实质上的平等上面。[1]所以，对正当的追求必须落脚于实现实质平等所需的经济条件上，"对市民社会的解剖应该到政治经济学中去寻求"个体的物质生产活动规约正当。[2]"分配正义"的实现与否取决于政府对公共资源分配的公平性和充足度，这也是社会公众对公共服务满意的基础内容。政府应当处理好公平与效率的关系，避免出现某一部分人享受更多公共资源的情形。即使在政府有能力促进经济增长的前提下，若是政府无法做到公平地分配或充分地提供数据资源，也会直接影响公众对政府的信任度。由此可见，将数据资源国家所有权建立在"分配正义"的基础上具有十分重要的价值。它不仅可以有效地促进社会生产、满足社会公众的正当诉求，还能防止任何人对于数据资源的独占和垄断。

我们应当将宪法中的平等权作为价值取向，明确数据资源国家所有权的使用、处分、收益三种权能。但数据资源国家所有权的使用权能可以具有多种使用方式，通常分为公共使用和经济使用。公共使用主要指对于各种统计数据的充分使用，如政府向公众提供的公共服务类数据。而商业化数据可以由使用者付出对价获得使用权进行经济使用，以此促成数据的交易和流转。除此之外，个人信息具有个人特征和隐私数据，对其恰当使用的同时也要杜绝滥用行为。这就针对个人信息的人身性、专属性等特征，明确使用的范围、程度和保护的内容。数据资源国家所有权的处分权能是指对数据资源的经营。商业数据、部分的个人数据可以合理处分，国家对于这部分数据的经济化必须形成一套以平等为标尺的价格形成机制来进行适当的调节和影响。不仅要注重监管垄断行业是否存在不正当手段占有使用数据资源，还要对于数据资源制定合法、机制明确的定价、产权规则。

----

〔1〕　魏传光："利益、正当与分配正义——评西方学界对马克思主义道德理论的'功利主义'归类"，载《武汉大学学报（哲学社会科学版）》2019年第1期。

〔2〕　参见魏传光："利益、正当与分配正义——评西方学界对马克思主体道德理论的'功利主义'归类"，载《武汉大学学报（哲学社会科学版）》2019年第1期。

通过使用权能恰当的开放数据市场，使更多的人可以进入数据市场公平获得数据权利。[1]国家对于数据资源享有收益权能。根据"分配正义"原则，数据资源国家所有权获得的收益应当由全民合理共享。数据资源应当在确保资源共享渠道的平等透明的同时，通过医疗、社会保障、教育等方面让公民能够平等共享。

（三）创设用益物权来明确数据资源的收益权能

数据资源用益物权是根据数据资源国家所有权创设的一种权能，其核心在于充分实现数据资源的使用价值。目前由于缺乏明确的法律规则，数据在各平台和企业之间的流动普遍处于停滞状态，数据的资源化、私有化趋势越来越明显。[2]因此，为了有效促进数据资源的共享和市场化流通，创设数据资源用益物权对于数字经济而言具有战略性意义。首先，数据资源用益物权对于兼顾国家、集体、公民利益的同时对于实现数据资源收益公平分配具有重要的意义。通过建立数据资源用益物权，可以确保公众能够充分地获取和利用公共数据，实现信息资源最大限度的公共供给和传播。其次，创设数据资源用益物权有利于明确行为人使用数据资源时的权利义务关系，使所有人与实际使用人相分离。既能够防止数据企业的垄断行为，又可以保证公民的数据安全。再次，权利人可以利用数据天然的流通、分享的特点建立多方合作交流平台，促使数据的流通共享和企业之间的合作共赢。最后，创设数据资源用益物权有利于将企业的着眼点转移到占有、使用、收益权能上，充分发挥数据资源在数字经济中的引擎作用。

数据资源用益物权具有占有、使用、收益三种权能。[3]第一，占有权能是在主权归于国家的前提下，权利主体对于数据资源的实际管理或控制。权利主体通常是通过签订合同来获得对数据资源的间接占有权。例如，网络用户对个人数据的占有是通过填写并保管好自己个人账号密码获得，也可以通过网络数据转让、转让账号等方式改变用户的实际占有状

---

〔1〕 参见王旭："论自然资源国家所有权的宪法规制功能"，载《中国法学》2013年第6期。

〔2〕 参见赖奇主编：《科技前沿与创新图书》，北京理工大学出版社2018年版，第35页。

〔3〕 参见申卫星："论数据用益权"，载《中国社会科学》2020年第11期。

态。而网络平台通过合同获得的数据资源仅归该平台所有,其占有权能不受他人侵犯。国家机构也可以通过法定授权或国务院授权的方式获得对数据资源的占有。第二,使用权能是指权利人对数据资源的运用,以便发挥数据资源的使用价值。网络平台根据合同对数据资源享有使用权能,合同相对人可以在合同范围内使用约定的数据资源。公民有权使用"政府信息开放"提供的公共服务类数据资源。"政府数据既可以供政府自身进行内部利用,也可以开放给社会进行外部利用。"[1]第三,收益权能是指权利人通过占有、使用数据资源实现数据资源的市场化流动,以此经营获利且经营的收益自行予以处理。收益可以分为两大类:第一类是网络平台本质上具有的财产性数据资源,其本身凝聚着网络运营商和网络用户的劳动。[2]第二类是存在于网络平台中的虚拟账号等类似数据,包括权利人经过技术手段处理得到的数据资源。

"数据资源归国家所有"主要立足于正当价值以及公平原则,合理界定国家、网络平台的数据权利。将数据集合作为权利客体不仅能够保护国家数据主权、保护公民人格权,还能够确保数据安全、规范地流动。这也表明,"数据资源归国家所有"的权利构造能够明确权利边界,在确定权利价值导向之后保护权利的行使,从而有效协调社会公众的权益的保护与数据产业的发展。数据经济的发展依赖其技术特点,但是更需要完整的法律体系加以规范。目前,我国在大数据背景下颁布实施的《数据安全法》,就旨在保障社会公众的数据权益与数据安全。但是法学领域对于数据资源的研究还存在困境,这需要立法部门针对数据资源的司法救济、数据交易具体规则等问题进行进一步研究。

---

〔1〕 郑磊:《开放的数林:政府数据开放的中国故事》,上海人民出版社 2018 年版,第 29 页。

〔2〕 参见杨立新、王中合:"论网络虚拟财产的物权属性及其基本规则",载《国家检察官学院学报》2004 年第 6 期。

中　篇

数据资源交易模式的法治化建构

第五章
数据资源交易模式的制度构建

　　数据资源国家所有权的制度化展开必须极具可操作性，才能在"用户所有""平台所有"的竞相挑战中获取竞争优势。而法教义学可以"通过那些特征来定义概念，这些特征的存在无需重新评价，只需通过简单的涵摄就能被确定"。[1]同时，"法教义学认为以教义的方法进行解释使得规范最大化地对社会生活内容进行涵射，从而弥合法律实施阶段的法律内容与社会的断层"。[2]因此，"数据资源归国家所有"的确立必须率先经受得住宪法教义学的分析与检验。一般认为，法教义学具有三种功能："一是对现行有效法律的描述；二是对这种法律之概念—体系的研究；三是提出解决疑难的法律案件的建议。"[3]在此逻辑下，"数据资源归国家所有"将在现行法律体系有效性的基础上，通过描述、分析、验证"法律之概念—体系"的方式，对"国家所有"的制度逻辑进行检验，也能够为数据资源流通法律体系提供制度基础。这在数据资源国家所有权上，深刻地表现为公共利益与市场秩序的平衡问题。为了满足公共利益的要求，"数据资源归国家所有"就必须让社会公众（尤其是网络用户）更容易公平获益，获益过程更容易被观察到，获益的结果也更容易被衡量；为了满足市场秩序的要求，"当有差异的两类主体共同致力于社会治理实践时，首先应将公共利益确立为共识性价值目标，将合作确立为共识性的价值实现方

---

〔1〕 ［德］卡尔·拉伦茨：《法学方法论》，黄家镇译，商务印书馆 2020 年版，第 291 页。
〔2〕 王纲："社科法学与法教义学之争：焦点与缘起"，载《知与行》2017 年第 6 期。
〔3〕 ［德］罗伯特·阿列克西：《法律论证理论——作为法律证立理论的理性论辩理论》，舒国滢译，中国法制出版社 2002 年版，第 308 页。

式"，[1]并据此让网络平台能够在数据资源的实际控制与管理上获取适当的经营性收益。而且，当公共利益与市场秩序发生冲突时，国家就应当在合理限度内抑制市场的作用。其合理限度是不能因此导致网络平台失去获利空间，甚至在某些情况下可以由国家给予适度补偿。在此，公共利益"并非如功利主义者所认为的'大多数人的利益'，因为'大多数人的利益'本质上依然是私人的利益，只不过涉及的主体从一个变成了多个而已。黑格尔那里的'公共利益'，或者说'普遍物'是一种从根本上就超越特殊意志的东西，是特殊性所依赖的那个普遍的原则、法和秩序"。[2]这就意味着，相较于国家基于数据资源所有权可能取得的公共性收益，网络用户的数据写入与网络平台的管理投入具备了提出"对价"性收益分配的正当性，以及基于平台和用户合法权益减损而产生的"补偿"。在此将这套制度构建逻辑定名为"对价—补偿"模式。在此，对价"是有价值的东西：金钱、财产、有形资产或提供服务。然而，一个人以某种方式放弃从事某事或不采取行动，同样可以构成有价值的对价"。[3]

尽管"对价—补偿"模式具有强烈的市场化色彩，并可能引发我国法律体系的大幅调整，但实际上，它并未对宪法的既有规定提出挑战，甚至还进一步印证了中国特色社会主义制度的优越性。根据《宪法》第 12 条、第 13 条的规定，国家保护社会主义的公共财产以及公民合法的私有财产。同时，国家基于公共利益的需要，可以通过"征收或者征用"的方式实现私有财产的公有化并给予公民补偿。上述宪法规范，均可以作为"对价—补偿"模式的宪法基础。当然，"对价—补偿"模式的证立，并非单纯依赖于法律体系的规范主义认可，同时还包括市场规律的影响。因此，从市场规律和法治双重视角下审视"对价—补偿"模式的法治基础，有助于全

---

〔1〕 张继亮：《环境启动经济——地方政府经济服务职能个案研究》，光明日报出版社 2019 年版，第 206 页。

〔2〕 刘心舟：《现象与原理：黑格尔论述市民社会的不同视角》，同济大学出版社 2020 年版，第 167 页。

〔3〕 〔美〕桑福德·尚恩：《语言与法律》，沙丽金、张鲁平、李秋霞主译，知识产权出版社 2016 年版，第 140 页。

面认识数据资源"对价—补偿"法治保障模式的可行性。

一、"对价—补偿"何以发生：以数据资源市场流通为视角

（一）数据写入者的公平受益

首先，数据写入者受益的实质公平需要被保障。一方面，"对价—补偿"法治保护模式下，数据写入者是作为一个不可分割的整体、以社会公众的身份，去享受数据资源流通、分析所产生的价值。它的优势在于，能够无视不同个体数据写入多寡的问题，从而免受形式公平的诘问。甚至，那些并未进行数据写入的个体，也能够被当作潜在的数据写入者，去平等参与数据资源利益的分配。另一方面，实际控制数据资源的平台大多为营利性组织，以盈利为其经营目的。"对价—补偿"法治保护模式以合理的对价补偿平台后，限制了平台后续影响数据资源流通、分析的能力，继而阻断了数据资源分配过程中，数据资源利益向营利性组织的过度流入。从而确保数据资源流通、分析所产生的价值，能够为数据写入者公平地享有。

其次，数据写入者具备身份上的"二重性"特征，[1]"对价—补偿"法治保护模式则对此进行了肯定。在"对价—补偿"法治保护模式下，数据写入者既是数据资源的生产者，也是数据资源不断流通所产生价值的受益者。"对价—补偿"法治保护模式使得在国家所有视域下，数据资源的流通成为可能。高富平认为，数据被视为资源，原因就在于其分析价值……数据流通即实现数据社会化利用和实现数据资源价值的必然路径，正是有社会化数据流通和利用，才能形成数据经济。[2]所以，与传统法学概念上的物不同，数据只有经过流通和分析，才能产生现实意义上的价值，与之相关的社会主体才会存在因此获利的可能。在此，数据资源的"流通速率"，决定了该数据资源的价值。[3]而其分析结果，则直接作用于特定的

---

〔1〕　张兴让：《生存·人性的核心》，光明日报出版社 2016 年版，第 278 页。

〔2〕　高富平："数据流通理论：数据资源权利配置的基础"，载《中外法学》2019 年第 6 期。

〔3〕　"流通速率"主要运用于货币的价值分析领域。参见［英］弗里德里希·冯·哈耶克：《货币的非国家化：对多元货币理论与实践的分析》，姚中秋译，海南出版社 2019 年版，第 78-79 页。

服务对象，且对他人（非竞争者）的影响较小。

最后，"对价—补偿"法治保护模式下，数据写入者权益还存在继续增长的可能性。可供分析的数据资源总量越大，分析的结果就越准确，价值也越高，可供分配给数据写入者的利益就愈多。数据资源总量依赖于数据写入者的互联网行为，而数据写入者的互联网行为取决于其个人意愿。显然，更广泛、更公平的获益更能促进其进行数据写入行为。"对价—补偿"法治保护模式在利益分配的角度，主观上肯定和鼓励了写入行为，客观上提高可供流通、可供分析数据资源数量的增长速度。同时，在明显获利的情形下，数据写入者对待自身行为的态度是默示支持，至少在潜意识当中是不反对的。如果背离了"对价—补偿"法治保护模式，不再保障数据写入者的公平受益，那么数据写入者的行为积极性就会受到遏制，甚至影响数据写入者进行其他互联网行为的意愿，对整体互联网行业的发展造成不利影响。

（二）数据控制者的合理回报

在国家所有权与用益物权相分离的视域下，数据控制者在其收集数据资源范围内享有合理回报，其中包括优先使用、收益的权利，以及获得因数据资源流通、分析而产生经营性收益的权利。"对价—补偿"法治保护模式肯定了数据控制者在其收集数据资源范围内，享有在先使用的权利。首先，从主体行为目的的角度，与数据写入者的情况相似，很多时候，其最初收集数据资源的目的并非单纯为了获取数据资源。它"是由人类日益普及的网络行为所伴生的，由相关部门、企业采集的，蕴含数据生产者真实意图、喜好的"市场竞争资源。[1]其次，数据控制者的收集行为是数据资源形成的基础之一。数据资源的形成是多个主体共同合力的结果，除了依赖于数据写入者的行为，还离不开数据控制者的收集行为。最后，无可辩驳的是，在结果上，数据控制者在事实上参与、促成了数据资源的形成，并为之有所付出。数据控制者以经营活动为目的，作出了经营活动的行为，得到了数据资源的形成作为结果，那么对数据资源享有在先使用的

---

[1] 中国通信工业协会物联网应用分会组织编写：《智联未来——从物联网到智联网》，科学技术文献出版社2021年版，第148页。

权利，分析数据资源用于经营活动就具备了天然的正当性。

写入与收集共同构建了数据资源，但数据资源作为一种资源，要想实现其价值，就需要经过流通和分析。如果说数据写入者与数据控制者共同参与了数据资源的形成，那么在数据资源的流通与分析环节，数据控制者仍然是不可或缺的参与主体。有体物资源的存储，会产生仓储成本。[1]数据资源的保存，也会使数据控制者产生成本，包括服务器费用、电费、运维人员费用等。那么此时，获取数据资源流通、分析而产生经营性收益的一部分，就作为数据控制者为了维持数据资源存续的经营性支出的合理回报而存在。值得注意的是，等比例的付出与回报，并非数据控制者获得合理回报的唯一原因。立足数据资源流通的角度，促进数据资源流通的效率，亦是数据资源利益分配需要考量的重要因素。对市场经济主体而言，想要国家数据资源的覆盖领域得到扩张，就应当肯定数据控制者在先使用的权利，鼓励其不断地在新的领域收集数据；想要国家数据资源得到更好的流通，就需要对数据资源的价值进行评估，为数据资源的流通创造条件；[2]想要国家数据资源得到更好的保存，就应当让数据控制者获得数据资源流通产生经营性收益的一部分。

（三）基于国家调控的适度补偿

国家调控是"对价—补偿"法治保护模式的内容之一，对部分与数据资源相关的社会主体作出适度补偿，则是国家调控的重要手段。"对价—补偿"法治保护模式中的国家立场，源于凯恩斯的国家干预主义，"在市场的有效需求不足时，必须加强国家干预，运用'政府之手'来提供有效需求"，[3]通过"让国家之权威与私人之策动力量互相结合"，[4]来对数

---

〔1〕 在仓储领域，仓储成本的管理有"第三利润源"之说。参见胡玉洁、李春花主编：《仓储与配送管理》，北京理工大学出版社 2020 年版，第 250 页。也就是说，对有体物仓储管理的科学性在降低仓储成本的同时，变相地带来了商业利润。这一思路可以在数据（无体物）的存储上加以借鉴。

〔2〕 刘珂主编：《贵州大数据兴起》，电子科技大学出版社 2017 年版，第 221 页。

〔3〕 张守文："政府与市场关系的法律调整"，载《中国法学》2014 年第 5 期。

〔4〕 ［英］约翰·梅纳德·凯恩斯：《就业、利息和货币通论》，高鸿业译，商务印书馆 1999 年版，第 326 页。

据资源进行宏观调控。"对价—补偿"法治保护模式中国家对数据资源的调控，是在"数据资源归国家所有"，所有权与用益物权相分离的前提下，针对尚未发生之事实而作出的调整，以保障所有与数据资源相关的社会主体的合理预期。简言之，基于国家调控的适度补偿是通过对数据资源利益的再分配，引导所有与数据资源相关的社会主体作出有利于宏观数据资源产业发展、提高数据资源生产力的行为。同时，国家的宏观调控并不会变更数据资源的权属和权利结构。

基于国家调控的适度补偿，兼具理性价值与实践价值。一方面，基于国家调控中适度补偿的理性价值。国家意志的价值需求，反映在通过立法所要追求的立法目标。立法目标产生的根本动因，在于与数据资源相关的社会主体，对数据资源的共同需要，同现今数据资源的混乱现象，产生了较大的错位。致使其决定了，通过基于国家调控的适度补偿，来对数据资源进行治理。调控属于国家行为，本身就是社会成员主观意愿的外化，而补偿则是理性价值的实现过程。补偿的理性价值在于保障宏观调控的科学、安全和效率，适度则是补偿的一个参考尺度。适度的存在，能够使得补偿最大限度地不伤害市场机制，保证国家调控不对市场机制如竞争机制造成破坏。同时，适度的补偿，也起到了保障国家调控与市场的协调，保障宏观调控决策的客观性、正确性，建立严格的宏观调控的决策机制和程序等作用。另一方面，基于国家调控中适度补偿的实践价值在于补偿的适用性与效果性。补偿的适用性包含可操作性与权威性。它满足的是与数据资源相关的社会主体，对国家调控的基本功能的需求，要求国家调控能够付诸实施。这是由国家行为的共性所决定的，因为国家行为本身就具有可操作性与权威性。补偿的效果性价值是指通过补偿，所能够达到预期的效果。如通过补偿的实施，能够直接保障国家数据资源流通、利用的安全、科学与效率，能够间接避免因数据资源市场失灵而导致的数据资源风险，等等。

二、数据资源"对价—补偿"法治保护模式的法律依据

(一)"征收征用"并给予补偿

无论是基于理想的立宪主义观点,宪法是"规范与价值的两合",还是基于现实的立宪主义观点,宪法"价值优位于规范",[1]宪法条文都宪法目的的体现,通过解读宪法条文便得以推知宪法目的。我国《宪法》第13条第3款规定,国家为了公共利益的需要,可以依照法律规定对公民的私有财产实行征收或者征用并给予补偿。

从宪法目的的角度上来看,《宪法》第13条第3款所追求的立法目的有两个:一是公共利益,二是分配公平。而"对价—补偿"法治保护模式所欲求的目的,亦包含二者。"例如如果某个领域(如环境保护)的私人交易成本过高,那么政府就获得了适当干预的正当性。"[2]"对价—补偿"法治保护模式基于数据资源国家所有而成,数据资源国家所有本就是为了实现公共利益和绝大多数社会成员的福祉。"对价—补偿"法治保护模式在数据资源国家所有欲求公共利益的基调之下,进一步调整数据资源的权利构造与保护方式,使得公共利益能够被更好地实现。同时,公民私有财产本是其财产权的保护对象,数据资源的产生、保存和流通也会产生相应的成本;国家征收征用私有财产,数据资源国家所有化都会对公民的财产权以及与数据资源相关社会主体所付出的成本造成损害。所以基于公平的原则,二者都对权益遭受损害的主体进行了相应补偿。诚然,征收征用"实质是公权力代表公共利益,强制被征收(用)人作出特别牺牲的过程",[3]而"对价—补偿"法治保护模式是将竞争中的权属直接划归国有,但二者在行为逻辑、实施手段、保障方式上都存在一定的相似之处,分属于对同一宪法目的的不同表现形式。

---

〔1〕　参见江国华:"实质合宪论:中国宪法三十年演化路径的检视",载《中国法学》2013年第4期。

〔2〕　张千帆:"'公共利益'的困境与出路——美国公用征收条款的宪法解释及其对中国的启示",载《中国法学》2005年第5期。

〔3〕　刘平主编:《征收征用与公民财产权保护》,上海人民出版社2012年版,第272页。

值得引起注意的是，在《宪法》第 13 条第 3 款中同样体现出，宪法目的之间是有可能存在冲突的。国有财产范围的扩张，有可能损害收入分配的公平。所以，在《宪法》第 13 条第 3 款中，公共利益也是作为一种权力界限而存在，[1]补偿则是公共利益与分配公平价值博弈的产物。与之相对应，"对价—补偿"法治保护模式中数据写入者的公平受益、数据控制者的合理回报、基于国家调控的适度补偿，都是公共利益与分配公平调和的重要体现。这种解释同样能够获得适当性原则和最小侵害原则的支撑。

（二）国家合理安排积累和消费

我国《宪法》第 14 条第 3 款规定，"国家合理安排积累和消费，兼顾国家、集体和个人的利益，在发展生产的基础上，逐步改善人民的物质生活和文化生活"。首先，从宪法目的的角度看，发展生产力是其追求的第一目的，"社会主义法制必须有利于解放和发展社会主义生产力"；[2]改善人民的物质生活和文化生活是第二目的。而制度的优越性必然需要通过公民生活质量的提高来体现。但在某种程度上，二者又是合一和相互促进的，发展生产力会改善公民生活，公民生活的改善也会反过来促进生产力的发展。马克思认为，"发展生产力的目的，是为了满足人的需要和福祉"。[3]因此在数据资源领域，生产力的高低取决于数据资源是否满足了人们的需求。而后者则受数据资源总量、数据资源的流通效率、数据资源的分析效率等因素的影响。其中，数据资源的分析效率是纯粹的技术问题，受数据资源的权属和权利构造的直接影响相对较小。而"对价—补偿"法治保护模式的设计锚点之一，就是促进数据资源总量的增长速度以及数据资源的市场流通速率。同样地，在"对价—补偿"法治保护模式中，促进生产力发展与改善公民生活也是表现为合一与相互促进的。数据资源的有效利用，最终会转化为公共服务质量的提升，或是优化市场商品

---

〔1〕 参见张玉洁："法律文本中'公共利益'的法规范分析——以类型理论为视角"，载《大连理工大学学报（社会科学版）》2014 年第 4 期。

〔2〕 曹建明、孙潮、顾长浩："社会主义法制必须有利于解放和发展生产力——论经济改革与经济法制建设的协调发展"，载《中国法学》1992 年第 4 期。

〔3〕 蒋锦洪：《经济发展中的人本诉求研究》，上海辞书出版社 2007 年版，第 95 页。

和服务质量，从而提高公民的生活质量。其次，从实现手段的角度看，"对价—补偿"法治保护模式是通过合理安排数据资源的权属和权利构造，来达成发展生产力和改善公民生活等宪法目的的。"共识是法律事实合理性的来源，程序的正当性是法律事实合理性的形式标准。"[1]"对价—补偿"法治保障模式的共识与程序正当性，在于其能够获得法律制定者以及与数据资源相关社会主体的认可，并通过制定法律的方式，将数据资源的权利构造模式固定下来。同时，"对价—补偿"法治保护模式对数据资源产业的优化，最终将转化为更高质量的积累和消费，进而起到协调积累和消费关系的作用。最后，"对价—补偿"法治保护模式兼顾了国家、集体和个人的利益。数据资源权的国家所有，预示着国家对数据资源的支配，与之伴随而来的是，更高的抗风险能力，以及数据资源合理使用和公平分配，这也是集体、个人利益保障的先决条件；对数据资源进行相对客观的评估，数据资源的控制者作为集体，也能够公平地获得与其所付出"对价"相符合的合理回报；而数据的写入者能够以社会个体的身份，对数据资源产生的价值，享有普遍性的受益。

（三）多种分配方式并存

我国《宪法》第6条第2款规定，国家在社会主义初级阶段，坚持公有制为主体、多种所有制经济共同发展的基本经济制度，坚持按劳分配为主体、多种分配方式并存的分配制度。按劳分配的主体地位，并不会阻碍多种分配方式的并存，"如今的中国已不再追求'纯而又纯'的公有制和单一的按劳分配"，[2]"对价—补偿"法治保护模式则分属于其中的多种分配方式。对此，通过进一步立法，对数据资源的归属和权利结构进行设置，本就属于我国《宪法》第6条第2款的规定范围。

从《宪法》第6条第2款来看，它主要追求两种法治目的。一是价值目的，即"初次分配和再分配都要兼顾效率和公平，再分配更加注重公

---

[1] 参见李力、韩德明："解释论、语用学和法律事实的合理性标准"，载《法学研究》2002年第5期。

[2] 李响："'按劳分配'在中国：一个宪法概念的浮沉史"，载《中外法学》2019年第5期。

平"。与数据资源相关的社会主体当中，国家、数据控制者、数据写入者之间的关系，处于实际上的地位不平等。"尽管没有人天生就应当具有较高的自然才能，也没有人天生就应该在社会中享有一个更有利的起点，但我们可以通过规则设置使这些偶然因素能够有利于那些处于最不利地位的社会成员，这就是罗尔斯提出的著名的差异原则。"[1]对"对价—补偿"的分配模式进行展开，其具体包含了初次分配和再分配，并通过初次分配和再分配，在正视差别的同时，兼顾到了弱势主体的权益。"对价—补偿"法治保护模式的初次分配中，用益物权的设置确保了数据资源利用的安全与效率，也是数据资源分配公平的基础；同时，数据资源的所有权与用益物权相分离，平衡了国家与数据控制者之间的地位；而在"再分配"阶段，数字税等举措则保障了数据写入者的权益，使其能够以社会公民的身份，平等享受数据资源开发利用带来的发展红利。

二是规范目的，即党的十九大报告所指出的"坚持按劳分配原则，完善按要素分配的体制机制，促进收入分配更合理、更有序"。从"制度性再分配模型"（The Institutional Redistributive Model of Social Policy）来看，"它将社会福利视为主要的社会统合制度，在市场以外，按照需要的原则提供普惠性的服务。其理论基础是关于社会变迁与经济制度之多重效果的理论和社会平等的原则"。[2]"对价—补偿"模式对数据资源的再分配，既不同于按劳分配，也有别于市场经济中常见的以市场为中心的资源配置制度。它并非旧有分配模式的替代品，而是在数据资源领域，作为旧有分配模式的补强而存在。一方面，它提炼、借鉴了按劳分配的公平特性，每一个数据资源相关的社会主体，都能在"对价—补偿"法治保护模式中分配到应属于自身那份应得的利益。另一方面，它又吸收了以市场为中心资源配置制度的优势，既能确保效率价值的实现，"对价"这一类市场评价模式又能进一步补强分配公平。

---

〔1〕 徐清飞："我国初次分配法律制度改革的顶层设计"，载《法商研究》2012年第5期。

〔2〕 陈水生：《因需而治——城市低保群体公共服务研究》，上海人民出版社2020年版，第23页。

三、数据资源"对价—补偿"的制度构建

(一) 基于"合理使用"和"公平分配"的国家许可制度

针对数据资源的用益物权,[1]"对价—补偿"法治保护模式构建了与之相应的,基于"合理使用"和"公平分配"的许可制度。数据资源国家许可制度的构建,能够使得原本处于合法与非法边缘的数据资源交易,转化为得到国家认可的合法交易,进而取缔非法的地下数据资源买卖。[2]由于数据资源所有权与用益物权的分离,原始的数据资源用益物权自然归于数据控制者。但数据控制者并未享有数据资源的处分权。

在"公平分配"的规制之下,除了数据控制者以外的主体,想要平等地对数据资源进行利用和流通,就只能仰赖于国家许可制度。而且,"由于全球化和互联网……数据保护领先国家法律的压力将惠及所有人——它们为世界上每一个国家赢得了数据保护的盾牌"。[3]但是,传统模式中对自然资源所采用的"特别行政许可"势必会对数据资源的有效流通产生严重影响,从而妨碍数据资源的"合理使用"。所以,"对价—补偿"法治保护模式的许可制度进行了相应的优化。

首先,我国国家许可制度的审批主体应为法律规定的行政主体,在此可供选择的对象有两个部门:一是工业和信息化部。工业和信息化部的优势在于其自身具备一定的专业知识与执法经验,作为数据资源国家许可的审批主体具备天然的正当性,然而考虑到数据资源许可申请的多发性,缺乏地方分支机构与人员规模可能会对其许可工作造成一定压力,从而影响数据资源的有效流通。二是市场监督管理部门。市场监督管理部门拥有丰富的行政许可执法经验,以及对应的地方分支机构和执法人员,能够较好

---

[1]　有学者认为,《宪法》第9条第1款的规定,实际上构成了"特别法上的用益物权"。它依照法定程序而获得,具有浓厚的行政管理色彩。参见王利明主编:《民法学》,复旦大学出版社2004年版,第358页。在笔者看来,这一模式恰恰为数据资源的权属、交易模式奠定了基础。

[2]　参见明乐齐:"网络黑产犯罪的趋势与治理对策研究",载《山东警察学院学报》2019年第4期。

[3]　[澳] 拉库马·布亚等编著:《雾计算与边缘计算:原理及范式》,彭木根、孙耀华译,机械工业出版社2020年版,第288页。

地完成数据资源的许可工作。但是如果将国有数据资源的许可权下放至地方市场监督管理部门，地方市场监督管理部门又并不直接受到国家市场监督管理总局的直属管理，将有可能出现地区保护的风险，从而导致地区之间数据资源利用的不平等。

其次，在"对价—补偿"法治保护模式的国家许可制度中，除了法律规定的审批主体，数据控制者也承担了重要角色。在国家许可申请前，数据控制者有义务对数据资源进行初步的分类，以及相应的"匿名化处理"；[1]在国家许可申请过程中，数据控制者有义务就数据资源的利用方向，"不得擅自扩大个人信息的使用范围和使用方向"，[2]并向审批主体出具相应的专业意见，协助审批主体进行审批工作；在国家许可申请后，数据控制者有义务将被许可的数据资源，向申请主体进行转移。

最后，基于"合理使用"原则，为了防止数据资源被滥用，或是用于不正当用途，"对价—补偿"法治保护模式的许可制度必然会受到限制。一是申请主体限制。审批主体通过对申请主体的注册资金、成立年限、主营业务等方面进行限制，以达到宏观调控数据资源流通的目的。二是用途限制。非经审批主体批准，数据资源的用途不可被变更，防止申请主体以合法申请掩盖非法用途。三是时间限制。数据资源的国家许可应当是带有时限性的，许可时间到期后，申请主体并不具备继续控制数据资源的权利。四是转让限制。与数据控制者类似，申请主体只是享有数据资源有限的用益物权，而不享有数据资源的处分权，也无权将自身的用益物权进行让与。

（二）基于数据资源经营的数字税

与法国征收数字服务税的主要目的（"税收规则重构与增加财政收入"）不同，[3]"对价—补偿"法治保护模式配套的数据税的征收目的，

---

〔1〕 本书专家组：《国际网络安全治理的中国方案》，五洲传播出版社2020年版，第141页。

〔2〕 林中梁、余敏友主编：《WTO法与中国论坛年刊（2018）》，知识产权出版社2018年版，第409页。

〔3〕 参见张春燕："法国数字服务税法案的出台背景及影响分析"，载《国际税收》2020年第1期。

更多是为了实现基于数据资源开发而产生利益的分配公平，以及据此进一步提高数据资源的经营效率。

首先是数字税的税基。2019 年 6 月 10 日，二十国集团（G20）财长和央行行长会议达成共识："将对科技巨头征收数字税（Digital Tax）。"[1] 目前，最为艰难的是数字税税基的确定。"对价—补偿"法治保护模式数字税的税基，应为数据资源流通而产生的费用。具体言之，国家许可的申请者在获得许可后，须向数据资源控制者支付相应的"对价"，而国家将以此"对价"为税基征收数字税，[2] 剩余部分将构成数据资源控制者的合理回报之一。国家许可的申请者作为市场主体，其获取数据资源的用益物权，支付数据资源用益物权相应的"对价"，本就无可厚非。而且，一方面，数据资源控制者作为市场主体，要想鼓励其从事某种行为，必须从宏观上调整其行为，使该行为能够为其带来利益。要想促进数据资源产业的发展，提高数据资源控制者对数据流通的积极性，那数据资源的流通越多，数据资源的控制者就应当获利越多，那数字税就应当"转嫁"于数据资源国家许可的申请者。另一方面，国家作为数据资源名义上的所有者，其向数据资源控制者、国家许可申请者让渡了数据资源的用益物权，那基于分配的公平，势必需用通过税收以及数据资源许可费的形式来进行弥补事实上的权利让渡。

其次是数字税的赋税用途。"对价—补偿"法治保护模式中，赋税用途承担了实现公共利益的作用。税的征收与使用，本就是国家再分配的一部分。在数字税征收过程中无法兼顾到的数据写入者，将在数字税的使用中获得再分配。所以，数字税的用途，应当通过国家财政的方式，投入公共服务、公共设施建设、医疗卫生、教育、支付转移等。如此从数据资源写入者的角度，在客观上改善了公民的生活水准；同时主观上，数据资源开发利用所带来的便利，才能更直观地为数据资源写入者所感知。

---

〔1〕 李满海、辛向阳：《数据价值与产品化设计》，机械工业出版社 2020 年版，第 12 页。

〔2〕 欧盟委员会认为数字税可以保证数字经济按照"公平且有益于增长的方式"发展。但欧洲工商联合会则认为开征数字税违反了国际税收规则。参见李超民主编：《欧盟财税动态（2017）》，中国税务出版社 2018 年版，第 73 页。

最后是数字税的税率与抵扣。前文已述，数字税的税基"转嫁"至国家许可申请者。"对价—补偿"法治保护模式数字税的税率应处于合理，且存在调整空间的位置。数字税的税率过高，有可能抑制国家许可申请者的申请欲望，从而降低数据资源的流通效率，更有甚者可能有导致地下非法数据资源交易盛行的风险；而数字税的税率过低，国家以及数据写入者的应得利益则会被削减。欧盟委员会曾在 2018 年发布了两项数字税提案：一是短期提案，即"暂时按 3% 的税率对特定数字化服务总收入征税"；二是长期方案，即"数字化常设机构这一新概念以及利润归属规则"。[1]但目前并未就上述方案达成共识。而抵扣则可以作为国家对数字税进行调整的手段。在条件允许的情况下，国家可以通过允许抵扣的方式，降低国家许可申请者的负担，从而达到促进数据资源流通的目的。

（三）基于数据资源侵权的惩罚性赔偿制度

有权利必有救济。数据资源侵权行为类型与传统侵权有着明显差异。[2]数据资源侵权行为本身就是一个复合体，侵权结果具有严重性、范围广等特点，甚至有可能出现受害者与数据资源权利主体相分离的情况。受害人的举证，相较于传统侵权救济模式更为复杂。[3]所以，受害人举证责任较轻的惩罚性赔偿更为契合数据资源的保护。惩罚性赔偿实质上是公法私法二分体制下以私法机制执行应由公法担当的惩罚与威慑功能的特殊惩罚制度。其适用应以公法上惩罚制度秉执的理念与原则为指导，无法奉行传统损害赔偿法的基本原则。[4]实施惩罚性损害赔偿的目的，在英美国家一般认为有三项。其一是削弱侵权行为人的经济基础，防止他们重新作恶，以及防止社会上的其他人模仿侵权行为人的行为；其二是鼓励受害人

---

〔1〕 张茉楠：《博弈：全球价值链变革下的中国机遇与挑战》，浙江大学出版社 2020 年版，第 130 页。

〔2〕 有学者认为，数据权属不确定难题，加剧了数据侵权的裁判难度。参见夏海波："数据权利边界之廓清"，载雷莉、何毅琦主编：《网络与高新技术法律前沿（第十三卷）》，上海交通大学出版社 2019 年版，第 112 页。

〔3〕 参见迟菲、安金芬："论民事侵权中的数据价值评估"，载蔡海宁、徐家力主编：《信息网络与高新技术法律前沿（第十一卷）》，上海交通大学出版社 2017 年版，第 45 页。

〔4〕 朱广新："惩罚性赔偿制度的演进与适用"，载《中国社会科学》2014 年第 3 期。

对不守法的侵权行为人提起诉讼，激发他们同不法行为作斗争的积极性；其三是对受害人遭受侵害的精神进行感情方面的损害赔偿。[1]

首先，惩罚性赔偿可以全面救济数据资源侵权的受害人。因数据资源侵权的受害人需要的救济不同于传统侵权救济模式。在数据资源侵权中，受害人的数量级较大，分布范围较广，其受到的损害也难以简单量化，甚至有可能是精神上的损害。如果单纯适用传统的补偿性损害赔偿，可能并不足以弥补受害人所受的损失。而惩罚性赔偿的存在则能够较好地安抚被害人精神与情绪，更好地保护受害人。其次，惩罚性赔偿可以重点制裁数据资源中的恶意侵权人。"对价—补偿"法治保护模式下的惩罚性赔偿，采用了无过错责任的归责原则，即不要求行为人必须存在主观或客观上的过错，都需要对数据资源侵权的结果承担侵权责任，这是为了强化数据资源恶意侵权人的法律责任。在此基础之上，数据资源侵权责任人最终承担的责任内容，也会受到是否有过错，以及过错程度轻重的影响。最后，惩罚性赔偿可以教育和警示其他主体不得实施数据资源侵权行为。侵权惩罚性赔偿责任具有一般预防的作用。虽然一般的补偿性财产赔偿责任也存在类似的作用，但由于数据资源侵权的行为人很可能是资金雄厚的大型企业，一般的补偿性财产赔偿所起的阻吓作用有限，而超出实际损失范围的惩罚性赔偿阻吓作用更加明显。正如《美国侵权法重述（第二版）》第 908 条第 1 款所提及的那样，惩罚性赔偿系为惩罚极端无理行为之人而作之赔偿，且亦为阻遏该人及其他人于未来从事类似之行为而作之赔偿。

数据资源作为信息时代的产物，其与民法传统概念中的物，及知识产权的保护客体均表现出一定差别，面对数据资源而产生的问题，与数据资源相关的社会主体很难依靠传统理论得到理想答案。"对价—补偿"法治保护模式作为数据资源国家所有视域下的一种解决方案，则为数据资源类问题的解决提供了一个良好开端。数据资源权属、权利结构问题的出现，甚至可以理解为一种信号，其意味着信息时代科学技术进步对社会生活的

---

〔1〕　刘荣军："惩罚性损害赔偿与消费者保护"，载《现代法学》1996 年第 5 期。

影响，已经渗透到了法学领域。有时候，立法并不是必然落后于发展的。紧跟时代的立法，可以帮助国家在新兴产业的竞争中胜出，依靠更加完善和更具吸引力的信息资源立法，吸引数据资源产业的迁入与数据资源产业的发展。

第六章
市场机理下的数据资源交易立法规范

党的十八大以来，党中央围绕数据市场反垄断、反不正当竞争问题，作出了一系列重大决策部署。"加大反垄断制裁力度，防止互联网无序发展"成为社会主义市场经济体制的内在要求。因此，加强数据领域的反垄断制裁体制机制创新研究，就显得尤为重要。特别是在当前，紧扣数字经济、数据市场建设，详细分析"数据交易"的法律规则设置原理、实施机制和价值指向，探索数据交易规则的内在逻辑和中国经验，分析数据交易法律保障措施在数字经济建设中所面临的一系列问题和挑战，探寻其融入法治建设的基本规律和可行性制度路径，已经成为我国数据法治的重要研究领域。

从国内市场法治实践来看，数据交易的法治难题在平台"二选一""大数据杀熟"以及"滥用市场支配地位"三个层面展开，并沿用了传统的市场规制措施。行政法学界则从"企业合规义务""行政约谈""事前规制"等新型行政监管措施研究出发，将数据交易并入行政监管之下。然而，在数字经济背景下，相关研究仍停留于传统市场规制措施的"普适性"解释上，关于"数据交易"的相关研究成果较少，也尚未形成重大的理论成果。尤其是后者的研究，触及了互联网企业反垄断的不少具体问题，亟待系统性研究。

在国外，数据交易法治建设可以细化为公共实施与私人实施两种。公共实施反映了以行政为主导的数据交易规制模式，而私人实施反映了以司法为主导的侵权救济模式。私人实施制度是美国数据交易法治建设的重要特色。它激励私人受害者诉讼的积极性，同时对数据交易市场形成有效威慑。

美国对数据交易的审慎监管，给予了数据企业更大的成长空间，在技术研发、商业模式、用户服务等领域不断创新发展。欧盟缺乏超大型平台，而是以中小互联网企业为主体，因而其竞争法强调对中小企业数据应用创新与发展的保护。因此，部分批评声音指出，欧盟的数据交易规则建设在某种程度上也是贸易保护工具。

得益于市场交易的基本逻辑——"对价"机制，数据交易法治建设必须关注市场各方以及市场交易行为的外部性影响。这既要求给予市场各方一定的经济利益，同时也需要保证市场外部力量从数据交易中获得社会收益。因此，"对价—补偿"模式在法教义学上的成功，为我国数据交易法律制度的建构提供了实践可能性。甚至得益于"对价"市场化逻辑的引导，数据资源分类规制体系、数据资源交易的"特许经营权"以及数据交易规则也获得了一定的正当性、合法性。最主要的是，"数据资源归国家所有"与"对价—补偿"模式的叠加，能够进一步规范数据资源交易市场，并生发出一系列的规制措施，从而建立起中国特色的数据资源交易法治体系。

一、数据资源分类规制体系的构建

数据资源在"国家所有权"下，受到公共属性和资源内容的鲜明制约，并表现出有别于传统物权法意义上的"无体物"[1]和"自然资源"的新型社会功能——隐私保护与公共利益之间的冲突调控。[2]这就要求，不同类型的数据资源开发使用及其后续行政监管方式应当有所不同。为此，可以根据数据资源的内容与平台性质加以划分，将国有数据资源划分为以下三种类型：（1）公民信息集合类数据资源。[3]前文已述，个人信息

---

〔1〕 杨立新主编：《〈民法典〉总则编案例精解》，知识产权出版社 2020 年版，第 192 页。

〔2〕 参见王沛莹：《科技与法律的博弈：大数据时代的隐私保护与被遗忘权》，电子科技大学出版社 2019 年版，第 187 页。

〔3〕 参见中国信息界杂志社编：《中国信息化理论实践文库》，中国时代经济出版社 2013 年版，第 186 页。

归个人所有，而且非法获取的个人信息数据集合因缺乏公开意愿，被视为非法形态下的"公民信息数据资源"。但在国家（和各级公权力机关）设立的公共服务平台上，个人信息集合是基于社会公众自愿行为，以及公共服务必要性而合法收集的。由此导致公民个人信息在所有权权属上发生分化，即个人信息数据的所有权人仍是该公民；而众多公民个人信息经合法方式集合而成的数据资源则成为国有数据资源。（2）公共性商业数据资源。各类商业性网络平台是当前数据资源市场化流通的主要倡导者，但他们所掌握的数据资源受制于用户写入与平台管理的"双重劳动贡献"，无法顺畅流通。鉴于商业网络平台对公共性商业数据资源市场化流通的渴求，且"国家所有"并不改变商业网络平台的数据资源占有事实，公共性商业数据资源（如外卖平台的评价性数据资源等）才得以成为国有数据资源的重要分支。需要特别提醒的是，同公民个人信息一样，商业性网络平台基于自身完整性投入所获取的数据资源，仅属于该网络平台所有。[1]（3）公共服务类数据资源。"数字政府"与"政府信息开放"已经成为我国当前行政体制改革的重要方向。这也意味着，传统的行政服务事项将在"数字政府"建设过程中汇集出更多的公共服务类数据资源，而"政府信息开放"则将进一步消除公共服务类数据资源与社会公众、数据资源经营者之间的阻隔。[2]为此，将"公共服务类数据资源"明确为国有数据资源，不仅为"政府信息开放"提供了合法性基础，还有助于保障国家安全、公共安全、经济安全和社会稳定。

在"对价—补偿"模式下，国有数据资源的类型划分无疑是建设性的，但更应当着力于数据资源规制体系的完善。这是因为，我国当前的数据资源规制模式过度强调"民—刑"二分规制模式。例如，公民信息集合

[1]　例如，在实时公交查询软件"酷米客"诉"车来了"盗取后台数据纠纷案中，深圳市谷米科技有限公司就以自有数据被盗用为由，向公安机关提请立案调查，深圳市谷米科技有限公司认为，上述被盗数据是基于自身完整性财力投入所获取的数据，归属于该公司所有，与"酷米客"App 的网络用户行为无关联。

[2]　也有观点认为，公共数据的国有化，尽管有利于政府数据资源共享，但容易影响公民数据使用权利的落实。参见国务院发展研究中心创新发展研究部：《数字化转型：发展与政策》，中国发展出版社 2019 年版，第 131 页。

类数据资源包含较多的个人敏感数据（如医疗类数据资源），不适宜在数据资源市场上流通，而应当由法律实施严格保护，以此回应《民法典》第111条"个人信息保护"的规定。一旦这些数据资源流入市场，便极易纳入《刑法》第253条之一"侵犯公民个人信息罪"的惩罚范围。[1]同理，公共性商业数据资源也面临着"商业秘密侵权"与"非法侵入计算机信息系统罪"的"二分法"难题。"民—刑"二分规制模式简单、明确，且具有可操作性。但问题在于民事赔偿、刑事惩罚的简易"二分法"忽视了二者之间大量的过渡地带，极易发生刑事惩罚替代民事赔偿的现象。因此，"数据资源归国家所有"作为一项嵌入式制度，除了更为有效地填补法律空白、解决法律疑难问题，还应当做好规制体系建构任务，避免"创造性破坏"。[2]有鉴于此，数据资源规制体系的建立应当在既有数据资源规制措施的基础上，以"对价—补偿"为规制理念，引入民事公益诉讼与惩罚性赔偿机制，作为民事赔偿与刑事惩罚的过渡性规制措施。其中，民事公益诉讼是通过检察机关提起数据保护类民事公益诉讼，[3]解决数据资源（如公民信息集合类数据资源）被侵权后的个人救济动力乏力、刑事诉讼严苛问题。而"惩罚性赔偿"，则是在私力救济乏力、公力救济介入不足的情况下，由市场经营者针对非法收集、使用、加工、传输数据资源的行为，向法院提起加重赔偿的一种私力救济机制。它旨在借用惩罚性赔偿缓解民事补偿性赔偿的乏力，以及刑事惩罚的暴力性。由此观之，民事公益诉讼与惩罚性赔偿机制的介入，可以在我国搭建起"民事救济—民事公诉/经济赔偿—刑事诉讼"这样一整套惩罚力度渐重的救济机制，从而形成一套完整的数据资源规制体系。

---

〔1〕 "非法侵犯公民个人信息"案件的实证研究显示，"侵犯公民个人信息罪"的惩处对象往往具有情节较重、侵权次数很大、非法所得多等特征，同《民法总则》（已失效）中个人偶尔侵犯他人信息的纠纷存在本质区别。参见张玉洁："论'非法获取公民个人信息罪'的事实认定——基于190件案例样本的分析"，载《华东政法大学学报》2014年第6期。

〔2〕 马长山："智慧社会建设中的'众创'式制度变革——基于'网约车'合法化进程的法理学分析"，载《中国社会科学》2019年第4期。

〔3〕 参见邵俊："个人信息的检察公益诉讼保护路径研究"，载《法治研究》2021年第5期。

二、设定数据资源的市场准入条件

（一）设定一般行政许可

在"数据资源归国家所有"权属分配模式下，国家必须对数据资源的使用权人进行筛选，以实现国有资源的合理使用以及公共数据利益保护的目的。由此，哪些主体可以成为数据资源的使用权人，就成为"数据资源归国家所有"必须明确的问题之一。该问题不仅涉及使用权人的市场准入方式，更关乎使用权人的市场准入标准。在矿产、森林等传统国有资源的市场准入上，我国一般采用《行政许可法》第 12 条第 2 项规定的"特别行政许可"的方式来控制自然资源市场的经营者规模，从而实现有限资源的优化配置，提升有限资源的开发效能。[1]但对于数据资源而言，每一份数据资源的开发、使用与流通只是影响该数据资源的单次交易价值，而不真正消耗该数据资源本身。因此，数据资源仅对实际控制者具有有限性特征，而对于整个数据资源应用、开发市场而言，却不存在有限性缺陷。交易主体与交易次数越多，该数据资源的社会化产值越高。因此，基于有限资源的高效使用为基本逻辑的"特别行政许可"，会导致数据资源市场的经营者过少，无法最大程度地激发数据资源市场的潜力，进而可能引发数据资源市场的垄断。同时，考虑到"国家所有"所负的"合理开发使用"义务与公共利益保护义务，数据资源的市场准入既不可过分抑制市场主体规模（"特别行政许可"），又不可放任数据资源市场主体的自由进入（如"认可""核准""登记"等行政许可方式）。为此，我国应当采用《行政许可法》第 12 条第 1 项"一般行政许可"的方式，放开数据资源市场经营者的数量限制，并通过"法定条件"的具体设置，来调整数据资源市场的经营者规模与质量。

（二）通过数据资源安全评估

该评估从安全的角度来论证该数据资源市场化流通的可行性，论证重

---

〔1〕　也有学者认为，大数据交易平台属于一种"特殊的商主体"，对其监管应当采用"特别行政许可"方式。参见张敏："大数据交易的双重监管"，载《法学杂志》2019 年第 2 期。

点在于数据资源的合法性与合规性，涉及评价数据资源的流通安全风险和用途安全风险，重点分析数据资源的质量是否合乎国家相关标准，评估数据资源经营可能造成国家安全、网络安全、公民安全等风险的概率，预测该数据资源对整体经济的影响等级，等等。

（三）达到数据资源许可流通的脱敏度要求

自备安全防范措施有能力达到数据资源许可流通的脱敏度要求。无论是公民信息集合类数据资源，还是公共性商业数据资源、公共服务类数据资源，都会或多或少的留存部分个人信息、商业秘密或国家秘密。在数据资源的市场化流通中，经营者应当在不影响数据资源有效性的情况下，采取一定的安全防范措施对上述数据资源进行脱敏改造，并提供测试使用，以保证数据资源的市场化流通不危害国家安全、不侵犯企业和个人的合法权益。

（四）流通量符合国家关于数据资源市场准入的最低限度

最低限度的数据资源流通量包括两方面内容：单次数据资源的流通数量与一定时间内同一主体多次数据资源流通的总量。只有同时满足这两个方面的内容，才能保障该市场主体具备足够的市场活跃度。国家可以通过调整数据资源流通量的大小，来影响整个数据资源流通市场的主体数量。除了上述诸项基本的市场准入条件，国家还可以根据数据资源市场运行情况，设定相应的市场退出机制，以保持数据资源市场的竞争性，防范资源垄断。

三、数据资源交易规则的体系化建构

随着数据价值的凸显和数据泄露事件的频发，[1]我国贵州、浙江、上海等 21 个省市先后搭建了数据交易平台，并建立健全数据交易规则，以期规范数据交易。[2]但在实践中存在数据交易规则设置的平台化、地方化、行政化倾向，以及规则运转中的数据确权难、定价难、监管难、保护难等问题。究其原因，一是缺乏全国层面的统一监管机构和顶层制度设计；二

---

〔1〕 据统计，2019 年全年累计发现我国重要数据泄露风险事件 3000 余起。参见刘多主编：《中国互联网站发展状况及其安全报告（2020）》，河海大学出版社 2020 年版，第 49 页。

〔2〕 孙小华主编：《大数据应用与创新创业》，浙江大学出版社 2019 年版，第 26 页。

是既有的数据交易规则体系缺乏市场理念和竞争保护；三是沿用传统民商事交易规则，忽视数据可复制性同"物权排他性"的区别。面对党和国家"原始数据不出域、数据可用不可见"的建设目标，本课题提出一个数据交易规则体系的全新范式：从"物权变动"转向"行为许可"。后者强调，"数据交易"不是数据经营者对数据"物权"的变动，而是对他人合理使用数据行为的法定许可。基于此，我国当前有必要摒弃"数据权利保护"的规范路径，而将数据交易规则理解为一种"市场行为规制法"，并以"数据行为主义理论"来改进数据交易规则体系。其重点是就动态交易流程中各方的行为关系作出明确规定。

（一）　当前数据资源交易面临的主要问题

数据资源交易是一项涉及国家安全、市场建设以及个人信息保护等多个领域的复杂事项。它比传统市场交易活动更多样化，也更加需要加大监督力度。当前，我国数据资源交易主要面临以下问题。

一是权属不明抑制交易"热度"。数据资源的产权归属，成为当前抑制数字经济建设的最大掣肘。其中，尤以商用数据资源的归属争议最大，矛盾也较为集中。它的争议焦点集中在数据资源是公民所有、平台所有还是公民与平台共有三种权属分配上。例如，美团外卖平台所掌握的公共评价数据，目前谁享有这些数据资源的所有权，在法律上并不明确。二维火公司从美团点评的数据开放合作对象"上海泰联天胜网络科技有限公司"处获取了美团点评公开的评价数据。在随后的起诉过程中，由于这些数据权属分配不清楚，美团点评只能以"不正当竞争"为由起诉二维火公司。[1] 权属不清晰的原因在于，网络数据是由网络用户们集体写入的，但网络平台在实际收集、整理这些公共集合数据过程中，也付出了劳动和成本。无论归属于谁，另一方都将有所损失。假如公民与平台共有，那么数据资源交易前的"用户同意交易"，就会非常复杂、效率低下。为了缓解数据资源产权不明的困境，深圳市在经济特区立法中，曾提出"数据资源归国家

---

〔1〕　（2018）京73民初960号。

所有，授权地方政府代管"的产权归属模式。[1]但其中涉及的数据资源，仅包括政府部门控制的数据资源。当前数据资源交易最大的难题，就是要尽快确立商用数据资源的产权归属。

二是数据垄断影响交易"频度"。我国数据资源交易目前仅处于起步阶段，大量的基础性、关键性数据资源掌握在少数政府部门、互联网企业手中。但这些政府部门常常因为不知道如何开发这些数据资源，而将这些资源"束之高阁"，无法真正发挥出数据资源的社会服务价值。而腾讯、阿里巴巴、滴滴出行等 20 余家大型互联网企业为了追求利益最大化，以商业秘密的方式拒绝数据资源的共享开放，甚至利用已有数据资源实施市场垄断行为。例如，"滴滴出行"利用自身的网约车数据垄断地位，另行开发"花小猪"App（有"一口价""打折""补贴"等措施），压低网约车价格，以排挤其他网约车公司。当下，各互联网企业之间的数据垄断、数据割据现象已经严重影响数据交易市场的形成与发展，对数字社会治理和发展的影响极其负面。

三是规则缺失导致交易"无序"。数据资源交易的有序开展，需要明确的法律规则和市场规则作为指引。但就目前贵州大数据交易所、上海大数据交易所、浙江大数据交易中心等 20 余家数据交易所的运营情况来看，目前的交易所确立了"会员制"交易方式，[2]"宽进严管"，但不允许个人购买数据；采用协议定价、拍卖定价、集合定价三种方式来交易数据；[3]交易服务费按照交易收入的 40% 收取，由卖方全部承担。除了这些松散的规则，各数据资源交易所并未建立具体的数据交易规则。倘若没有规则作为指引和约束，买方、卖方并不是一定要在数据交易所才能进行交易，而且交易的数据内容、范围也未必公开。而且，数据卖方与交易所之

---

〔1〕 林清容："深圳首次提出个人享有数据权"，载《深圳特区报》2020 年 7 月 17 日，第 A03 版。

〔2〕 孙世友等主编：《大地图：测绘地理信息大数据理论与实践》，中国环境科学出版社 2017 年版，第 171 页。

〔3〕 参见滕磊等：《金融大数据生态体系及其风控价值研究》，四川大学出版社 2019 年版，第 98 页。

间的 6∶4 分账，恰恰也导致了数据交易"黑市化"现象。在初始数据交易混乱的情况下，后续的"二次数据资源交易"就更加无序了。部分省份甚至出现黑市数据二次交易后合法化的案例。因此，在数据资源交易市场的形成初期，我国应当优先建立完整的交易规则，引导数据资源交易市场的建设。

（二）数据交易规则体系的理论论争与发展

在我国，法学界关于"数据交易规则体系"的研究动态，集中在以下方面：（1）关于数据交易行为的性质问题。从"马克思主义生产要素分配学说"的中国发展路径来看，数据权属经历了"非财产说"[1]到"数据用益物权说"[2]，再到"数据资产说"[3]的"物权化"发展历程。但随着数据交易活动的密集化，静态的"财产说"逐步同数据市场相结合，产生了"数据信托行为"[4]"公平使用行为"[5]"服务合作行为"[6]等"行为规制"学说。其发展主线在于厘清数据的财产权价值，发挥数据的动态经济价值。（2）关于数据交易行为的监管问题。受到数据市场推动力的影响，数据交易规则的理念从强调"数据安全和个人信息保护"[7]到"数字经济反垄断"[8]，再到"市场主体和数据内容双重监管模式"[9]。其重心逐步从"数据内容的行政保护"转向"交易行为的法律规制"。（3）关于数据交易法治化的研究。当前，我国数据交易立法表现出强烈的"立法倾斜性"，即通过"促进型规则"来鼓励数据市场发展。[10]当下亟待确立

〔1〕　梅夏英："数据的法律属性及其民法定位"，载《中国社会科学》2016 年第 9 期。

〔2〕　申卫星："论数据用益权"，载《中国社会科学》2020 年第 11 期。

〔3〕　高富平：《大数据知识图谱：数据经济的基础概念和制度》，法律出版社 2020 年版。

〔4〕　冯果、薛亦飒："从'权利规范模式'走向'行为控制模式'的数据信托——数据主体权利保护机制构建的另一种思路"，载《法学评论》2020 年第 3 期。

〔5〕　季卫东："数据保护权的多维视角"，载《政治与法律》2021 年第 10 期。

〔6〕　丁晓东："数据交易如何破局——数据要素市场中的阿罗信息悖论与法律应对"，载《东方法学》2022 年第 2 期。

〔7〕　张新宝："《民法总则》个人信息保护条文研究"，载《中外法学》2019 年第 1 期。

〔8〕　杨东："论反垄断法的重构：应对数字经济的挑战"，载《中国法学》2020 年第 3 期。

〔9〕　张敏："大数据交易的双重监管"，载《法学杂志》2019 年第 2 期。

〔10〕　杨力："论数据交易的立法倾斜性"，载《政治与法律》2021 年第 12 期。

"数据公平使用"的立法原则，[1]并明确数据企业的数据经营权和数据资产权。[2]但在缺乏数据交易规则体系的顶层设计情况下，上述成果尚未触及数据交易规则体系的建构模式、制度架构、交易主体、交易客体、交易流程等法治问题。

在国外，关于"数据交易规则体系"的研究一般寓于"个人数据保护"之下，相关联的研究主要指涉三端：一是数据交易行为与隐私权保护的平衡问题。受到欧盟《通用数据保护条例》（GDPR）的影响，欧盟学者多认可"主权安全、人权保障优位于数据使用"。但美国多数州在立法上已开始探索个人数据交易中行为规制与隐私权保障的二元保护结构。二是数据交易行为的行政监管问题。"区域标准"和"组织标准"是国外两种主要的数据交易行为监管模式。近年来，这两种监管模式又逐渐发展出"数据避风港原则""长臂管辖规则"以及"平台充分保护规则"。三是数据交易模式的法治化问题。目前，国外在数据交易模式上主要有三种类型：数据平台 C2B 分销模式、数据平台 B2B 集中销售模式以及数据信托模式。但这三种模式均表现出强烈的"去行政监管"倾向，由此可能爆发一系列新型"数据犯罪"。[3]

上述成果涉猎广泛、视野开阔、方法多样、成绩卓著。但也有一些不足之处。例如，研究视角多元，但行为主义数据治理的研究成果较少；[4]聚焦于"行政主导"的逻辑框架内，而忽视了市场行为对数据法治模式的影响；以理论研究为主，对国家、企业、公众需求的法治关切不足。同时，国外学者更倾向于不同的数据交易规则对全球数据治理的影响，关注数据监管与数据交易之间利益平衡问题。而国内学者做宏观研究的数量在减少，更加注重通过实证考察来阐述、反思或修正相关数据交易理论。在

---

[1] 季卫东："数据保护权的多维视角"，载《政治与法律》2021 年第 10 期。

[2] 龙卫球："再论企业数据保护的财产权化路径"，载《东方法学》2018 年第 3 期。

[3] 参见赵春玉："大数据时代数据犯罪认定的方法转向与价值回归"，载《思想战线》2021 年第 5 期。

[4] 目前行为主义数据治理的主要成果包括冯果、薛亦飒："从'权利规范模式'走向'行为控制模式'的数据信托——数据主体权利保护机制构建的另一种思路"，载《法学评论》2020 年第 3 期；丁晓东："个人信息的双重属性与行为主义规制"，载《法学家》2020 年第 1 期。

党的十九届四中全会提出"数据要素市场化建构"之后，如何协调行政监管、数据市场和隐私保护的关系，尤其是从法治化的角度推动数据交易规则体系的理论研究和制度建构，就成为重要的研究趋势。

（三）数据交易规则体系的法治框架

从中央到地方，"数据交易"已经成为一项热门话题。我国上海、贵州等省市率先向数据要素寻求"生财"之道，并创造出十几亿的交易总额。但我国也先后发生"网络平台违规交易 30 万用户信息""携程大数据杀熟"等事件。[1]在此期间，由于缺乏制度化、高效化的交易规则指引，网信部门、工信部门对跨境数据资源交易，停留在个案干预、事后约谈上，缺乏强硬的治理措施；互联网企业则从明面交易转向了"暗地"交易，甚至明码标价（例如，普通居民身份证号 0.5 元，明星身份证号 2 元，正规渠道的人脸识别数据价格为每条 0.1 元，而黑市上只需要花 1 分钱就能获取同样的数据）；社会公众的合法权益也受到严重侵害。因此，国家有必要以法治思维和法治方式来回应上述产业发展与变革，做好数据资源交易的规范化、制度化、高效化建设，加快建立中国特色的数据交易规则体系。

当下，"明确数据交易规则，是开展数据交易必需的前期准备"。[2]但受数据可复制性的影响，"数据交易"并不是数据经营者对数据（产品）的"物权"变动，[3]而是在安全有偿的基础上对他人合理使用数据的行为许可。它的本质是行为主义规制，并对安全性防控、商业化使用的限制程度较高。因此，数据交易规则体系的建构可以从"行为许可"的新范式出发，在宏观上解决数据交易规则体系与"国家安全""隐私保护""社会主义市场经济"等宪法基本制度的关系问题；在中观上搭建"市场行为规制法"下数据交易规则体系的规范要素与流程架构；在微观上完善数据交

---

〔1〕 参见文铭、莫殷："大数据杀熟定价算法的法律规制"，载《北京航空航天大学学报（社会科学版）》2023 年第 2 期。

〔2〕 魏琴、欧阳智、袁华：《数融未来：图解大数据+产业融合》，贵州人民出版社 2018 年版，第 114 页。

〔3〕 有学者认为，"数据与有体物物权变动方式和结果也完全不同，在数据的善意取得等方面同样会存在问题"。参见贵州省人民政府学位委员会办公室编：《贵州省第二届硕博论坛论文汇编（上）》，贵州大学出版社 2016 年版，第 34 页。

易规则体系运行机制。具体而言，我国应当以"行为许可"为基础，设定"公平、合理、无歧视"的制度理念，建立以数据交易平台为技术支撑、数据交易"行为主体+行为客体+行为流程"为规则架构、数据监督管理委员会为专门机构、多元信用评价和在线诉讼为纠偏机制的"市场行为规制"模式的数据交易规则体系。从而解决数据交易规则设置的平台化、地方化、行政化倾向，以及规则运转中的数据确权难、定价难、监管难、保护难等问题，实现数据交易规则体系的创新。

在数据交易规则体系的具体建构上，我国必须规范如下核心法治要素：(1)"谁参与交易"的主体规则法治建构问题；(2)"交易什么"的数据交易客体规则建构问题；(3)"如何交易"的交易程序运行规则建构问题。其中，主体规则法治建构聚焦于数据交易对国家安全、个人隐私的深刻影响。例如，哪些市场主体（不）可以从事数据交易？数据中介的法律定位是什么？可否参照证监会来成立数据监督管理委员会？数据平台和监管机构的职能又是什么？这些主体问题属于数据交易规则建构的基础性问题，必须率先解决。而数据交易客体规则瞄准数据包（物）、数据服务（行为）、数据产品（智力成果）等客体范畴。尤其需要解释海量的判决书、[1]公务出行记录是否可以作为数据服务的分析对象的难题。个人数据是否可以在授权许可后交易，也亟待立法加以明确。数据资源交易程序运行规则因加强监管的需要而创设。数据交易活动必须在开放性数据交易平台展开。而数据平台和市场主体如何开展交易程序及全流程监管，必须通过程序性规则加以明确。目前，我国北京、上海、贵州、深圳等21个省市建立了数据交易平台和数据交易规则，从而导致数据交易规则体系的统一性不足、冲突性加剧。而数据交易的专门性立法"牵一发而动全身"，又会影响到《网络安全法》《数据安全法》《个人信息保护法》以及交易实践和惯例。因此，程序性规则的设置，必须吸收借鉴国内外立法经验，做好数据交易法律法规同其他法律的制度衔接。

---

〔1〕 目前，国内外对司法判决的大数据分析，多处于反对状态。参见王禄生："司法大数据应用的法理冲突与价值平衡——从法国司法大数据禁令展开"，载《比较法研究》2020年第2期。

第七章
数据资源交易的公法规制

数据资源交易虽然属于市场行为，但由于数据资源本身对国家网络安全、国家主权安全等领域也具有直接的影响，而"放任个人数据自由流动有可能引发国家安全威胁，给国家主权的完整性带来严峻挑战"，[1]甚至带来"风险的全球化、滚雪球效应等问题"。[2]因此，数据资源交易活动无法在完全的市场竞争下开展。它还须优先满足国家公共治理的需求。特别是在涉及国家安全和跨国数据交易等方面，数据资源交易必须接受公法领域的明确规制，[3]以实现数据资源市场化流通后果的可控性。[4]有鉴于此，我国应当兼采市场化和法治化两种规制路径，针对数据资源征税、数据安全舆论以及"核心数据"犯罪等公共领域展开具体的法律规制。

一、完善数字税的设置

为了化解国家、网络平台以及超大数量网络用户之间的利益分配难题，我国可以针对数据资源的市场化流通来设定"数字税"。该税种的正当

---

〔1〕 张衡：《大数据时代个人信息安全规制研究》，上海社会科学院出版社 2020 年版，第 56 页。

〔2〕 金周英：《人类的未来》，湖南科学技术出版社 2019 年版，第 55 页。

〔3〕 根据 Leviathan Security Group（2015）的计算，数据跨境流动的公法规制，在某种程度上会增加数据处理成本（预计会上升 30%—60%），最终导致 GDP 下降 0.7%—1.7%。参见王婉郦："国际经济的发展动向、结构变化与政策课题——2018 年版《贸易白皮书》解读"，载《日本研究》2019 年第 2 期。

〔4〕 2018 年国务院办公厅出台的《科学数据管理办法》，就强调科学数据共享要以安全可控为前提。参见国家科技基础条件平台中心：《国家科学数据资源发展报告（2019）》，科学技术文献出版社 2020 年版，第 12 页。

性源自数据资源的国家所有。[1]当数据资源被交易时，网络平台基于其控制状态、管理成本以及交易行为获得商业回报，但该数据资源毕竟属于国家，因此国家可以凭借数据资源所有权，向数据资源的经营者收取一定利益作为回报。然而，国家并非数据资源的实际生产者，而是宪法基于资源的"合理开发使用"而确立的拟制所有权人，[2]真正的数据资源产出者是数据的写入者——网络用户。鉴于"人们对充分发挥数据的财产价值以增进社会福祉已达成共识"，[3]采用"数字税"的方式反哺于全体公民，既能保证整个社会享受数据经济所带来的福利增长，又能在重复征税与财政分配中实现全体公民的普遍收益。然而，数据资源市场利益的公平分配只是解决了"数字税"的外部正当性问题。其内部构造的合法性才是保证"数字税"能否纳入国家税收法治体系的关键。为此，关于数据资源市场化流通中的"数字税"税制设计，应当重点关注以下三个方面的内容。

（一）设定征税门槛来划定有限课税主体

目前，各国对于"数字税"课税主体范围的界定并不一致。例如，法国在不区分纳税人注册地的情况下，对那些上一纳税年度全球应税收入超过 7.5 亿欧元，且在法国应税收入超过 2500 万欧元的数字服务企业，均视为"数字税"的课税主体。[4]而英国则以"用户参与实现创收"与"数字业务经营"为标准来确立课税主体，而不区分企业规模。[5]由此可以发现，法国、英国分别采用不同的税制路径："门槛征税"与"业务征税"。

---

〔1〕 欧盟设置数字税的正当性依据是"各种公司通过在欧洲建立'虚拟永久存在'而获得的所有利润"。参见朱隽等：《新形势下国际贸易规则的重塑》，中国金融出版社 2019 年版，第 173 页。

〔2〕 参见王家国："所有权的拟制属性与社会功能——兼论'公的所有权'及其实现路径"，载《法制与社会发展》2015 年第 4 期。

〔3〕 参见王淼："数字经济发展的法律规制——研讨会专家观点综述"，载《中国流通经济》2020 年第 12 期。

〔4〕 参见张春燕："法国数字服务税法案的出台背景及影响分析"，载《国际税收》2020 年第 1 期。

〔5〕 参见廖益新、宫廷："英国数字服务税：规则分析与制度反思"，载《税务研究》2019 年第 5 期。

前者以牺牲国家税收为代价，致力于保护中小型数据经营企业的发展；而后者则在保证国家整体税收收益的基础上，避免了"税收歧视""贸易保护主义"的批评。鉴于我国当前数据资源流通市场的脆弱，我国可借鉴法英两国的税制设计经验，以鼓励数据资源市场发展为目标，通过"门槛征税"与"业务征税"两种方式来征收"数字税"。

（二）明确"数字税"的征税范围

我国的"营改增"税制改革实现了营业额计税方式向增值额计税方式的发展，并且只对产品或者服务的增值部分进行纳税，避免了重复征税。[1]但是，数据资源的市场化流通，只会引发单次交易行为的叠加，且该数据资源的二次分析结果也不相同。因此，在数据资源的市场收入上，只能以数据资源服务企业的相关营业收入为税基，而非营业利润或增值。这就意味着，"数字税"的征税范围除了明确"营业收入"这一税基，还应当科学判断与"营业收入"相关的具体经营活动。目前，欧盟拟对在线广告空间出售收入、数字中介活动收入、用户参与创造数据的收入以及数字产品创造的收入四类数字经济活动征收"数字税"。但欧盟"数字税"税制的设计目标在于按照"公平且有益于增长的方式"对数字经济来征税，[2]远远不同于我国"数字税"的公共利益反哺目的。考虑到数据资源市场发展的必要性，我国当前的"数字税"征税范围不宜过宽——随着数据资源市场的不断完善，其范围可以不断扩大——应当限定为基于"对价"形式出现的数据资源交易、交换、有偿使用等经济活动。这也意味着，数据资源的无偿使用、公益共享、内部流通活动不属于"数字税"的征税范围。

（三）明确"数字税"的税收管辖权

互联网的发展正在打破各国之间的物理边界，形成一个网络互通、数据互联的虚拟社会。这样，数据资源生产、交易活动有可能与该数据服务

---

〔1〕　中国税收教育研究会编：《中国税收教育研究（2015）》，中国税务出版社2016年版，第276-282页。

〔2〕　李超民主编：《欧盟财税动态（2017）》，中国税务出版社2018年版，第74页。

企业所在国之间形成分离。也就是说，传统意义上企业所在地与课税地相统一的现象，在数据资源经营活动上成为特例或偶发情况。有学者就此提出，在线交易的课税地应当根据"增值税最终由消费者承担"这一国际惯例，由消费行为发生地作为课税地点。[1]有鉴于此，企业所在地与课税地分离下的税收管辖权问题，就成为"数字税"必须考虑的重要因素。按照国际税收管辖权的划分原则，企业应当在其创造价值的地方缴纳税收。按照这一原则，即便企业所在地在更大程度上影响着一个国家税收管辖权，但并不意味着只有企业所在地能够确定税收管辖权。一般认为，"税收管辖权是一国政府在征税方面的主权，它表现为一国政府有权决定对哪些人征税，征哪些税以及征多少税"。[2]当数据资源的写入活动发生在我国境内时，无论数据资源的实际存储地、交易地以及企业所在地是否在我国境内，都无法改变"数据资源归国家所有"这一权利事实。因此，我国对这部分数据资源都享有基于属人主义的税收管辖权，即"以纳税人的国籍和住所为标准，确定国家行使税收管辖权范围的一种原则"。[3]更何况基于我国用户数据资源所进行的二次分析结果，也只对我国网络用户具有商业价值。因此，我国应当采用数据资源收集地原则和属人主义原则，对涉及我国网络用户参与数据资源生成的相关经营活动，享有税收管辖权。

二、推动《数据安全法》的全面实施

在数据互联时代，数据安全已成为事关国家安全与经济社会发展的重大问题。我国多次发生恶性数据安全事件，导致国家数据安全受到严重威胁，民众权益也遭受严重损失。在此期间，由于缺乏主流舆论的及时引导，民众对数据安全问题表现出强烈担忧。即便"粤康码""粤省事"等数字平台为地方政府抗击新冠疫情、企业复工复产提供了强有力的支持，但社会公众与企业仍对数据安全问题充满疑虑。面对各种舆论，地方政府

---

〔1〕 张玥：《全面营改增税收政策对现代服务业的影响及对策研究》，北京理工大学出版社2018年版，第123页。

〔2〕 李莎主编：《公共财政基础》，北京理工大学出版社2016年版，第147页。

〔3〕 李欣、李珺、章忠晖编著：《企业所得税一本通》，中国税务出版社2020年版，第443页。

不仅需在党中央集中统一领导下，树立总体国家安全观，还需要挖掘一系列舆论问题的法治化解决路径。

2017 年 12 月 8 日，习近平在中共中央政治局第二次集体学习时就强调，要"保障数据安全，加快建设数字中国，更好服务我国经济社会发展和人民生活改善"。因此，《数据安全法》的颁布实施，不仅标志着我国在数据安全领域的有法可依，也为各行业、各领域的数字经济建设指明了方向。特别是在"滴滴赴美上市"事件上，[1]我国充分运用"数据安全审查""安全风险评估""风险监测报告"等措施，为交通数据安全提供了强有力的保障。同时，我们也应当清醒地认识到，《数据安全法》对我国政府、企业（特别是那些想在海外扩张或筹集资金的公司）以及在内地经营的跨国公司产生了多方面的影响，并引发国内外各方的广泛关注。对此，我国应当予以重视并采取有效的回应措施。

（一）当前《数据安全法》所面临的公共舆论问题

在《数据安全法》初次审议和公开征求意见以及颁布之后，社会舆论对《数据安全法》相关内容的讨论十分激烈。主要公共舆论问题表现在以下三个方面。

首先，民众舆论引导不足，"不知"数据安全。近年来，个人信息保护成为民众关心度较高的话题。我国个人信息泄露的情况占比 85.2%，[2]"面对日益严重的个人信息滥用状况，仅有 4% 左右的公众进行过投诉或者提起过诉讼。其中仅有 8.1% 的人通过投诉或者诉讼获得了救济或者达到了目的"。[3]当社会公众与企业面对数据安全问题时，主要考虑的是是否保护个人信息，而非国家数据安全。数据安全问题前期宣传不足。在《数据安全法》征求意见的初期，除了移动公司有关人员就"数据安全"发表主流观点，其他政府部门和机构并未主动、准确、及时地做好数据安全立法

---

〔1〕　参见潘宏远："从滴滴赴美上市遭审查看党管数据的迫切性与必要性"，载《通信管理与技术》2021 年第 6 期。

〔2〕　参见夏翼、马春红、王林浩：《信息技术》，航空工业出版社 2020 年版，第 228 页。

〔3〕　赵婷婷、李泽伟："记者就垃圾短信向六部门投诉　均未获处理结果"，载 https://china.huanqiu.com/article/9CaKrnJEzF5，最后访问日期：2022 年 8 月 24 日。

的"预热"活动，造成发声不及时、舆论引导不力的局面。在《数据安全法》公开征求意见之后，主流媒体引导也不够及时，加之自媒体推波助澜，影响民众"第一印象"。例如，一些解读文章及其背后的自媒体为了赚取流量，博人眼球，迅速发布各类法律解读文章。经过网络上的"意见领袖"推波助澜后，逐渐形成数据安全领域的公众议题。在首因效应的影响下，网络民众难以摆脱"第一印象"的负面成见，给后期主流媒体的舆论正向引导增加了难度。

其次，专家研究目的稍显狭隘，"不顾"数据安全。各省市不乏数据安全领域的专家学者。但在《数据安全法》公开征求意见之后，无论是专家学者还是实务界人士，对总体国家安全观把握尚有待进一步提高。[1]目前，专家学者主要是从法律的规范化方面发表各种建议和意见，对总体国家安全观未形成高度统一的认识。[2]这在一定程度上影响了专家学者的专业判断，降低了正向舆论的引导效果。比如，一些专家学者在媒体采访中多次提到，《数据安全法》没有讲清楚"重要数据"的具体范围。[3]但实际上，数据安全立法是非常复杂的，而且必须作长远考虑。如果"重要数据"的范围过于明确，将来国家有关部门审查相关数据时，就会被法律束缚住手脚。表面上看是提高了立法质量，实际上却影响了总体国家安全。

最后，政府介入形式相对单一，"不见"数据安全。例如，广东政务信息资源平台已形成省、市、县三级网络体系，链接广东170多个省级单位、21个地市和121个县区，沉淀数据超过60亿条。[4]对于如此庞大的数据，政府部门在日常工作中，不仅未接受过数据安全培训，也未张贴数据安全画报、宣传册以及警示语等，明显缺乏数据安全意识，损害了政府

---

〔1〕 朱雪忠、代志在："总体国家安全观视域下《数据安全法》的价值与体系定位"，载《电子政务》2020年第8期。

〔2〕 梅傲、李梓鸿："总体国家安全观下的企业数据安全研究"，载《中国刑警学院学报》2022年第4期。

〔3〕 参见祝高峰："论数智经济时代重要数据安全的法律保护"，载《社会科学家》2021年第11期。

〔4〕 参见《广东省"数字政府建设"总体规划（2018—2020年）》。

舆论引导效果。在《数据安全法》公开征求意见之后，文件经由有关部门下发、接收、打印、"收藏"流程后，未能下沉到社区进行专业讲解。一部分基层组织及工作人员对《数据安全法》的舆论引导停留在形式化的"网上可见"。这主要是为了完成立法意见和建议征求的"公开"化，却不关注公开形式、公开范围。民众只能看到《数据安全法》的专业化表达，读不懂，也看不透。"网上可见"还影响了民众意见的表达，无法判断民众对《数据安全法》的关注程度和真实意见。所以即使有"网上可见"的征求意见，却没有达到预想的征求效果。所以，政府部门在《数据安全法》社会舆论的可视化引导方面，还有待进一步加强。

而在《数据安全法》实施之后，国内外各方对数据安全合规作出了不同的反应，主要表现在以下三个方面。

首先，地方政府的缓慢推进。《数据安全法》中对"政务数据安全与开放"作出明确规定："国家制定政务数据开放目录，构建统一规范、互联互通、安全可控的政务数据开放平台，推动政务数据开放利用。"但随着各地政务数据向社会公众开放的步伐加快，"大数据应用缺乏顶层设计是当前政务数据开放的主要问题"。[1]在缺乏具体的规则支撑的情况下，地方政府在落实《数据安全法》上存在"重安全、轻公开"的趋势。一是数据安全涉及各级政府部门、政务系统中数据流转的全过程，与数据生命周期息息相关，必须做好全程化安全监管。二是政务数据开放容易引发数据安全风险。各地政府普遍难以把握政务数据安全与数据开放、[2]共享之间的尺度，都在等待国务院、省政府及其相关部门出台具体的操作指南，

---

〔1〕　张靖笙：《5G 大时代：5G 如何改变商业、社会与未来》，中国友谊出版公司 2020 年版，第 205 页。

〔2〕　一部分学者认为，政府数据开放应当遵循八项原则：（1）完整。除了涉及国家安全、个人隐私、商业机密等特殊因素，所有的公共数据都要公开。（2）原始。即数据的收集、公开要保证不被修改加工。（3）及时。数据要以最快的速度提供出来。（4）可获取。数据提供要实现最大范围的切实可用。（5）机器可处理。数据结构合理，允许机器自动处理。（6）非歧视性。数据无条件地供任何人使用。（7）非私有。即没有任何实体可控制数据的使用。（8）免授权。参见邓崧：《大数据时代的地方政府治理研究：数据开放、流程再造、行政决策》，云南大学出版社 2017 年版，第 43 页。

延缓了"政务数据开放利用"的进度。

其次，国内中小企业进入数据安全"静默期"。《数据安全法》颁布后，从事网络安全、新型隐私计算以及数据处理等领域的企业，为"数据安全"风口的到来而兴奋不已。但目前数据管理存在诸多挑战，例如，大数据法规遵从性要求过多，且体系性不强；数据管理仍需要更为规范和严谨的方法；数据管理的国别差异明显，增加了企业管理的难度；等等。[1]为此，一部分律师事务所成立了专门的数据管理法律团队。而大型企业（如阿里、腾讯、科大讯飞等）则在积极组建自己的数据合规管理部门，并加强了企业数据的互联互通。但这种变化也挤压了中小企业的生存空间，给中小企业带来了负面经济效益。同时，考虑到企业数据作为商业秘密的重要性，中小企业普遍表示目前无意购买"数据安全服务"，[2]由此导致中小企业不约而同地进入数据安全"静默期"。

最后，国际方面喜忧参半。自《数据安全法》颁布实施以来，美、德等国家对我国数据安全的国际影响力进行了研判。其中，美国媒体认为，中国将"数据"视为与土地和资本同等重要的商业要素，是对市场经济发展趋势的科学认识。德国高级分析师雅各布·甘特认为，《数据安全法》是中国政府释放数据潜能的重要保障，能够结合中国的工业基础，产生新的经济成果。非营利组织国际隐私专业人员协会副主席奥默·迪恩更是直言，《数据安全法》直接"传达了中国作为全球超级大国的实力"，以及中国成为跨境数据传输标准制定国的强烈意愿。但也有一部分负面声音质疑我国《数据安全法》的作用。

（二）《数据安全法》实施中的法治难题

在《数据安全法》实施初期，各方都处于法律的适应期和调整期，因此也都面临着一系列阶段性难题。目前来看，这些阶段性难题主要包括以下方面。

---

〔1〕 参见张鹏涛、周瑜、李姗姗：《大数据技术应用研究》，电子科技大学出版社 2020 年版，第 173 页。

〔2〕 雷强："中小微企业数字安全报告发布　聚焦数字安全的重灾区"，载 https://baijiahao. baidu. com/s? id=1735220962818227365&wfr=spider&for=pc，最后访问日期：2022 年 8 月 24 日。

一是地方政府的数据安全与开放平衡难题。地方政府在《数据安全法》实施初期的"重安全、轻公开"反应，主要受两方面原因的影响：一方面是上位法以及配套措施有待进一步完善。数据分类分级保护制度、[1]数据开发利用技术标准、产品和数据安全标准以及政务数据开放目录等国家顶层制度设计尚未到位，地方政府在数据监管方面面临着可操作性难题。无论是对企业数据来说，还是对政务数据而言，重安全、强监管都成为《数据安全法》实施初期地方政府的必然选择。另一方面是政务数据开放平台与数据标准化建设有待进一步加快。《数据安全法》第42条提出，要构建统一规范、互联互通、安全可控的政务数据开放平台。但是，"由于未能始终如一地坚持科学有效的信息化理论与管理体系，近年来我国各地的电子政务规划建设也遇到诸多困扰"。[2]例如，广东省政府数据统一开放平台"开放广东"通过广东省人民政府办公厅和数字广东网络建设有限公司的共同管理模式，已经满足了"安全可控"的平台建设要求。但政务数据的标准化、[3]各业务部门的互联互通方面，仍面临着诸多技术性问题。例如，政务数据的外包管理"增加了政务系统被攻击、重要政务数据泄露丢失的风险"；[4]不同部门之间的数据存储结构、技术标准不统一；业务数据串数名称、格式存在较大差异；跨部门之间数据汇聚、共享、应用造成阻碍，系统之间无法兼容和对接等。政务数据的管理体系与安全风险防范体系均有待进一步完善。"政务服务全国一体化势在必行。"[5]

二是企业数据安全保障中的"寒蝉效应"难题。《数据安全法》对各行业、各领域企业的数据安全影响，首先是受到法律规定宏观性的影响，

〔1〕　参见商希雪、韩海庭："数据分类分级治理规范的体系化建构"，载《电子政务》2022年第10期。

〔2〕　李广乾：《政府数据整合政策研究》，中国发展出版社2019年版，第58页。

〔3〕　参见许潇文、冯蕾、廖景行："我国政务数据共享标准化路径研究"，载《标准科学》2021年第1期。

〔4〕　张剑主编：《电子政务安全》，电子科技大学出版社2015年版，第206-207页。

〔5〕　中电科新型智慧城市研究院有限公司：《新型智慧城市政策、理论与实践：政策理解与分析》，中国发展出版社2019年版，第53页。

企业不知道如何开展合规操作。比如，数据分类分级极耗人工，同时需要一整套的操作标准和规范，[1]但目前国家和地方层面均未出台。即便浙江、贵州等省份尝试出台地方性数据分类分级标准，又在行业内部遭遇了"地区适用冲突"等问题。其次是受到市场"寒蝉效应"的影响，企业不清楚数据监管的未来走向。受"滴滴赴美上市""国内三大电信运营商美国退市""科大讯飞 APP 被下架"的影响，在国家尚未出台"重要数据"保护目录的情况下，[2]各行业、各领域企业的数据安全合规操作束手束脚。最后是技术不成熟的客观条件限制。对企业而言，当下的数据存储和传输安全技术已经相对成熟，但数据采集、使用、交换、销毁环节的安全保障，在技术层面仍是一大难题。尤其是在《数据安全法》与《个人信息保护法》的双重压力下，企业在数据采集、使用方面有可能面临大量的侵权纠纷或公益诉讼。[3]

（三）推进《数据安全法》落地实施的对策建议

为了更好地推进《数据安全法》的实施，需要采取以下措施来整体性地提升数据安全治理能力。

1. 以多种方式推进数据安全配套建设

《数据安全法》作为数据领域的基础性法律，"明确数据开放利用原则、确定数据安全红线"，[4]为各部门、各行业和各领域在后续制定相关配套制度、措施、规范和标准过程中指明了方向。但在国内外数据市场的倒逼下，地方政府不能固执地等待中央法规政策落地，应当做好"先行先试"。一是以"安全框架"引领"市场架构"。"这部统筹数字经济时代'安全与发展'并重的法规不但是个人数据野蛮掘金时代的结束，还是数

---

〔1〕 参见陈兵、郭光坤："数据分类分级制度的定位与定则——以《数据安全法》为中心的展开"，载《中国特色社会主义研究》2022 年第 3 期。

〔2〕 参见袁康、鄢浩宇："数据分类分级保护的逻辑厘定与制度构建——以重要数据识别和管控为中心"，载《中国科技论坛》2022 年第 7 期。

〔3〕 参见田海鑫："个人信息保护民事公益诉讼理念及实施研究"，载《时代法学》2022 年第 5 期。

〔4〕 杨涛主编：《数据要素：领导干部公开课》，人民日报出版社 2020 年版，第 113 页。

字经济加速发展的必要保证。"[1]除此之外，我国当前应当尽快制定相应的数据安全配套实施准则、安全框架和操作指南，制定基础性、大类化的数据分类分级保护机制，依靠专门数据安全企业做好数据安全风险评估、数据安全应急处置机制过渡期建设。二是以"行业试点"弥补"制度欠缺"，并逐步与其他省市接轨。"自上而下"的制度设计方案无法及时应对《数据安全法》实施初期的"安全恐慌"难题，因此可以采用"行业试点"的方式，由相关领域的行业协会组织制定地方性数据安全、评估以及交易标准、操作指南等，并发挥好广东"双区建设"效能，做好广深双城标准对接。三是创新监管方式，将数据安全同流量管制、[2]社会信用体系建设联合起来。数据安全志在安全，却系于流通。[3]因此，"网络流量管制"就成为平衡数据安全与数据流通的重要节点。当下应当充分利用流量监控技术，对"关系国家安全、国民经济命脉、重要民生、重大公共利益等数据"开展重点监管。

2. 政府、企业数据安全协同推进

目前，各行各业、不同主体（政府、企业、社会组织）之间数据交互频繁，任何一家企业数据发生泄露，随时会危及其他组织和个人。可以说，数据安全是一个全局性的问题，只要是数据存在的地方，就应当做好安全防范。尤其是《数据安全法》实施初期，政府应当从数据安全和数据泄露两个方面做好宣传工作，让国内外各方明白中国数据安全治理的主要内容，并以此作为各行业、各领域的数据安全参考。当前，一是要筛选数据安全管理典型案例，做好数据安全合规模板建设。例如，腾讯公司的"政务大数据平台数据安全体系建设"和"腾讯云数据安全中台"、闪捷科技公司的《闪捷政务大数据平台数据安全方案》等。二是要筛选数据违规

---

〔1〕　马海群、张涛："从《数据安全法（草案）》解读我国数据安全保护体系建设"，载《数字图书馆论坛》2020年第10期。

〔2〕　参见彭云峰、刘开芬主编：《计算机网络技术教程》，电子科技大学出版社2016年版，第138页。

〔3〕　陈兵："新发展格局下数据要素有序流通的市场经济法治建构"，载《社会科学战线》2022年第1期。

典型案例。例如，"华住酒店数据泄露""携程大数据杀熟""滴滴赴美上市"等典型案例。三是进一步发挥政务数据系统的效能。虽然地方政府各部门之间尚未形成统一的数据分类分级标准，[1]无法对过往纸质数据、非结构化数据做统计，但可以树立政务数据合规建设的典型事例，面向未来做好数据合规建设。例如，"粤省事"注册用户突破一亿，累计业务量达48亿笔，上线 1632 项服务、87 种电子证照，其中 1113 项服务实现群众办事"零跑动"；[2]"粤政易"注册用户突破 150 万，已覆盖全省 21 个地市、逾 11 万个组织，接入政务应用 600 多项。[3]目前，"粤省事""粤政易"已经实现了部分政务数据的标准化建设、互联互通，后续应该进一步加强政务数据开放功能的设置。

3. 做好我国内地与港澳地区数据安全引导

舆论不仅在于舆，还在于论。既要为国内外各方"立论"，更要帮他们"解论"。所以，在《数据安全法》实施初期，应当根据国内外舆论防控的不同需要，作出有针对性的舆论引导对策。在内地，要进一步强化舆论引导专业队伍建设。这就要求健全党政机关新闻发言人与专家学者的"协同发声"团队，通过数据安全、法律、舆论防控等领域的专家、权威队伍建设，让他们在报纸、广播电视台、社交平台上多发声、发好声，及时全面解读《数据安全法》的相关规定，引导内地企业、在华经营的跨国企业做好数据安全管理工作。[4]同时，受"网络防火墙"和汉语表达方式的影响，内地关于《数据安全法》的实施和解读，很难直接传递给国际社会。所以，由我国港澳地区法律专家进行专门的英语解读，然后通过我国港澳地区主流媒体、自媒体方式开展传播的路径，更符合国际社会的信息阅读习惯，也能够更加广泛的传播，消除国际社会对中国《数据安全法》

---

〔1〕 参见严炜炜等："数据分类分级：研究趋势、政策标准与实践进展"，载《数字图书馆论坛》2022 年第 9 期。

〔2〕 参见肖文舸："'粤省事'注册用户破亿"，载《南方日报》2021 年 2 月 4 日，第 A06 版。

〔3〕 "'粤政易'注册用户突破 150 万"，载 https://baijiahao.baidu.com/s? id=1684233374506818616&wfr=spider&for=pc，最后访问日期：2022 年 8 月 25 日。

〔4〕 参见许多奇："论跨境数据流动规制企业双向合规的法治保障"，载《东方法学》2020 年第 2 期。

的疑虑。

首先，政府自我加压，以"形象"影响舆论。数据安全志在安全，却源于数据。所以，各级领导干部"要善于获取数据、分析数据、运用数据"。[1]通过数据分析技术，围绕各种潜在数据安全舆论风险，未雨绸缪、权变管理，关注舆论苗头同国家数据安全之间的相关性，及时引导舆论走向。要以舆论引导舆论、以舆论治理舆论和以舆论创新舆论。

其次，民众提高认识，以"教育"化解舆论。数据安全意识的全面提升，离不开党政干部、专家、企业、民众的共同努力。要依托高校及科研院所，以"研究课题""智库报告"等方式，系统开展数据安全民意调研工作，为数据安全治理提供智力支持。要加强互联网企业的数据安全监管，做好企业总体国家安全观思维和数据安全意识培训，推进国家安全与企业发展需求的有效对接，破解数据型企业国家安全观淡薄、非传统安全意识差、舆论引导与管控不到位的弊端。要加强数据安全教育，做好"数据安全教育入社区"活动。

再次，平台内部监管，以"责任"钳制舆论。要想解决数据安全领域的社交媒体舆论引导不足问题，就要健全社交平台管控机制，进一步做好社交媒体"实名制+单位负责制"双向建设。对于网络平台而言，要加强对工作社交群的监管，管住、用好腾讯、新浪微博等社交平台，发挥平台的推荐、推送、辟谣、降噪等功能，引导舆论走向。针对自媒体"恶意营销，破坏网络公共秩序"的行为，应当加大惩治力度，[2]建立赏罚分明的奖惩机制。要求腾讯、新浪微博等社交平台建立数据安全过滤机制，规范平台准入准出标准，实行黑名单制度。

最后，团队立体建设，以"队伍"指引舆论。要进一步强化舆论引导专业队伍建设，就要求健全党政机关新闻发言人与专家学者的"协同发声"团队，通过数据安全、法律、舆论防控等领域的专家、权威队伍建

〔1〕 封化民、孙宝云：《网络安全治理新格局丛书》，国家行政学院出版社2018年版，第65页。
〔2〕 孙祥飞：《媒介热点透析与前瞻（2021）》，人民日报出版社2020年版，第201页。

设，让他们在报纸、广播电视台等主流媒体上多发声、发好声，及时形成正面舆论优势。同时，依托各级党校、讲习所、智库，构建"法治传播课堂"团队，并通过机关业务部门牵头、党校和高校教师编写、社科刊物出版等方式，推出"快餐式"数据安全宣传册和精品教案，做好基层法治文化的"可视化"宣传。从有影响力的社交平台、自媒体中挖掘舆论引导"网红"团队直接带入《数据安全法》的相关内容，借助各主流网络平台流量大户的力量，用更现代活泼、民众更乐于接受的方式引导舆论凝聚人心。

三、加强"核心数据"犯罪的刑法治理

"违反国家核心数据管理制度"既是我国《数据安全法》的重要创新，也给涉数据类犯罪的惩罚带来了挑战。[1]如何界定"核心数据"就成为认定涉数据类犯罪的核心难题。学界也由此划分出三种观点，即"国家风险观""保护密级观""回应制裁观"。然而，综观我国刑法条文，"危害国家安全罪"专章只能作为涉国家核心数据类犯罪的"兜底条款"。"立法机关之所以在刑法中建构'兜底条款'，是为了弥补法条与现实之间的脱节，将实质上符合犯罪构成但刑法条文没有明示却已经内含的行为类型纳入刑事规制范畴。"[2]但"危害国家安全罪"专章所涉及"数据"的4项罪名，在涉案领域、刑罚种类以及量刑幅度上均无法满足涉国家核心数据类案件的惩治需求。"要避免在解释兜底条款时对罪刑法定原则的违反，必须恪守对兜底条款设立与解释时的'同类规则'，通过'同类规则'防止以兜底条款的途径不当扩大刑法的处罚范围，避免兜底条款的'口袋化'。"[3]特别是在当前，电信网络诈骗已成为影响社会治安的新型网络犯罪，在部分省市，诈骗案件数量已占据刑事案件的半数，破案难度非常

---

〔1〕　参见周峰、沈静瑜："假平台真数据类投资型平台涉刑案件的定性"，载《中国检察官》2021年第12期。

〔2〕　谢杰、刘海清：《中国刑法的规范解释：各罪问题、实践争议与理论辨析》，上海人民出版社2018年版，第274页。

〔3〕　涂龙科：《经济刑法规范特性研究》，上海社会科学院出版社2012年版，第53页。

大，且破案以后追回赃款难度大，给老百姓造成巨大损失。[1]为此，十三届全国人大常委会第二十九次会议通过了《数据安全法》。这是我国第一部有关数据安全的专门法律，也是国家安全领域的一部重要法律。该法与《网络安全法》《电子商务法》《民法典》《刑法》共同构建起具有中国特色的数据领域法律体系。为了保护国家安全、国民经济命脉、重要民生公共利益等，《数据安全法》首次创设了"国家核心数据管理制度"，并明确规定"违反国家核心数据管理制度，危害国家主权、安全和发展利益的，由有关主管部门处二百万元以上一千万元以下罚款，并根据情况责令暂停相关业务、停业整顿、吊销相关业务许可证或者吊销营业执照；构成犯罪的，依法追究刑事责任"。由此观之，《数据安全法》将"违反国家核心数据管理制度"的行为纳入刑事犯罪的惩处范围，"加大对新型网络犯罪的惩治力度，依法严惩电信网络诈骗、倒卖公民个人信息等犯罪，加强研究应对，促进提升网络治理能力"。[2]有鉴于此，我国当前应当从《数据安全法》与《刑法》的交叉规范出发，管窥涉国家核心数据案件同刑法诸多罪名之间的微观关系，并以此推动《数据安全法》的落实，进而打击新型网络犯罪。

（一）国家核心数据的法理阐释

《数据安全法》首次提出"国家核心数据管理制度"，并规定"构成犯罪的，依法追究刑事责任"。对于这一制度，目前并没有更为详细的实施细则或解释说明。但可以肯定的是，这是我国为了应对潜在的危害国家主权、国家安全和国家发展利益而创设的一项极具中国特色且领先世界的重要措施。按照《数据安全法》的整体布局，我国确立了分级分类保护的理念。在此需要强调的是，分级分类的根本目的是更好地开放，应尽可能地降低用户获取数据的门槛细化管理，避免一刀切。[3]根据数据在经济社

---

〔1〕 参见任沁沁、熊丰："电信网络诈骗已成增长最快刑事犯罪"，载《经济参考报》2021年4月8日，第A05版。

〔2〕 范周等：《言之有范：新时代的文化思考》，知识产权出版社2019年版，第82页。

〔3〕 参见郑磊：《开放的数林：政府数据开放的中国故事》，上海人民出版社2018年版，第198页。

会发展中的重要程度，以及数据泄露可能对国家安全、公共利益或者个人、组织合法权益造成的危害程度，对数据实行分级分类保护。其中，《数据安全法》明确区分了"重要数据""核心数据""政务数据""个人信息数据"四类数据。但仅对违反"国家核心数据管理制度"的行为，作出了更为明确、具体的刑事惩罚规定。由此观之，《数据安全法》有意将"核心数据"的管理与保护活动，同打击新型网络犯罪搭建起更为直接、具体的联系。同时也可以发现，何谓"核心数据"，构成涉国家核心数据犯罪的主要难题。

学者们对此也观点不一。一是"国家风险观"。王新锐认为，"对于这个概念不能仅从字面意义上来理解。数据领域有非常多类型的风险，这就带来整体的数据安全问题。而其中有一些类型的数据从宏观角度来看特别重要，可谓'一失万无'，如涉及国家安全、国家经济命脉的数据。判断是不是国家核心数据，要看是否给全局带来较大的风险"。[1]二是"保护密级观"。在麻策律师看来，"重要数据是指与国家安全、经济发展，以及社会公共利益密切相关的数据，其包括核心数据，而核心数据的保护密级将高于重要数据"。[2]换句话说，国家核心数据是指那些能够在保护密级上高于重要数据的数据。按照该观点，国家核心数据的明确，有赖于新型保护密级的明确划分。三是"回应制裁观"。高富平认为，"重要数据更多立足于社会经济发展的角度，核心数据是从国家安全的角度来讲。由于在数据已经成为国际上的一种战略性资源的情况下，核心数据中提到的'国家重大利益'，主要针对的是国际制裁等对外情况"。[3]有鉴于《数据安全法》采用列举式立法方式，明确"核心数据"为关系到国家安全、国民经济命脉、重要民生、重大公共利益等事项的数据，那么可以确定，国家

---

〔1〕 孙朝、尤一炜、樊文扬："首设核心数据管理制度，最高罚一千万！数据安全法焦点解读"，载 https://www.sohu.com/a/471771824_161795，最后访问日期：2022 年 4 月 23 日。

〔2〕 孙朝、尤一炜、樊文扬："首设核心数据管理制度，最高罚一千万！数据安全法焦点解读"，载 https://www.sohu.com/a/471771824_161795，最后访问日期：2022 年 4 月 23 日。

〔3〕 孙朝、尤一炜、樊文扬："首设核心数据管理制度，最高罚一千万！数据安全法焦点解读"，载 https://www.sohu.com/a/471771824_161795，最后访问日期：2022 年 4 月 23 日。

核心数据的概念界定和范围，应当持一种动态评估的"国家风险观"，而非"保护密级观"这一固定划分方式，以及"回应制裁观"这一被动界定方式。一旦某类数据具备威胁国家安全、国民经济命脉、重要民生、重大公共利益的风险可能性，均应当被划归到"核心数据"范围中。

（二）涉国家核心数据类犯罪的刑法比较

《刑法》第二编第一章明确规定了"危害国家安全罪"的诸多罪名，在理论和实践两个层面构筑起维护国家安全（含数据安全）的犯罪惩治体系。[1]但随着数据技术的不断发展，虽然《刑法》"危害国家安全罪"专章仍然能够有效保护国家数据安全，但往往必须通过各种方式来建立数据类犯罪与危害国家安全罪之间的联系。例如，最高人民法院、最高人民检察院《关于办理危害计算机信息系统安全刑事件应用法律若干问题的解释》就将"计算机信息系统""计算机系统"解释为"具备自动处理数据功能的系统，包括计算机、网络设备、通信设备、自动化控制设备等"。其中，通信设备还包括"手机、通信基站等用于提供通信服务的设备"。[2]

而在《数据安全法》将违反国家核心数据管理制度界定为一种新型犯罪行为的情况下，如何在"危害国家安全罪"专章规定犯罪惩治体系的基础上，实现涉国家核心数据类犯罪与具体数据类罪名的衔接，就成为当前的一大难点。考虑到涉国家核心数据类犯罪相对于传统危害国家安全犯罪（如背叛国家罪、分裂国家罪等）的手段性特征，[3]本书一方面将《刑法》第二编第一章"危害国家安全罪"专章作为涉国家核心数据类犯罪的"兜底条款"，不再详述"危害国家安全罪"中11项罪名的使用问题，仅做刑罚种类和幅度比较；另一方面就《刑法》中涉及"数据"的具体罪名、刑期加以比较分析，以期从"定罪""量刑"两个方面加以全面分析。

---

〔1〕　参见杨志琼："我国数据犯罪的司法困境与出路：以数据安全法益为中心"，载《环球法律评论》2019年第6期。

〔2〕　黄春林：《网络与数据法律实务——法律适用及合规落地》，人民法院出版社2019年版，第372页。

〔3〕　参见李凤梅："危害国家安全罪的规范缺失及立法补正"，载《法商研究》2017年第6期。

在罪名的比较上，4项涉及"数据"的犯罪指向范围有限，不足以应对当前的"涉国家核心数据类犯罪"。通过对《刑法》条文的统计分析发现，《刑法》在涉"数据"类犯罪的罪名设置上仅有4个，即"危险作业罪"[1]、"妨害药品管理罪"[2]、"非法获取计算机信息系统数据、非法控制计算机信息系统罪"、"破坏计算机信息系统罪"[3]。前两者属于"危害公共安全类"犯罪，涉及领域包括"生产安全数据"以及"药品数据"。在行为后果上，既影响行政机关的执法效果，又有可能损害社会公众的人身和财产安全。因此，"危险作业罪""妨害药品管理罪"对"违反国家核心数据管理制度"行为的制裁十分有限，仅局限于安全生产和药品两个领域。后两者则属于"妨害社会管理秩序类"犯罪。其中，"非法获取计算机信息系统数据、非法控制计算机信息系统罪"的犯罪对象特指"计算机信息系统中存储、处理或者传输的数据"，[4]而且是"国家事务、国防建设、尖端科学技术领域"之外的计算机信息系统数据。换句话说，在该罪中，数据比计算机信息系统更重要，而且不限定数据的领域和范围。而"破坏计算机信息系统罪"将"对计算机信息系统中存储、处理或者传输的数据和应用程序进行删除、修改、增加的操作"，也视为一种犯罪，理由是破坏了数据的使用价值。考虑到《数据安全法》将"违反国家核心数据管理制度"这一行为方式，同"危害国家主权""危害国家安全"和"危害国家发展利益"这些损害风险结合在一起。涉国家核心数据类犯罪既应当包括侵犯核心数据的自有价值，也应当包括对计算机信息系统（数据）的潜在损坏后果。按照《数据安全法》第21条、第45条的规定，"违反国家核心数据管理制度"应当是一种实际发生的行为，有可能或者已经造成了"危害国家主权""危害国家安全"和"危害国家发展利益"

---

〔1〕 参见钱小平："积极预防型社会治理模式下危险作业罪的认定与检视"，载《法律科学（西北政法大学学报）》2021年第6期。

〔2〕 参见敦宁："妨害药品管理罪的法教义学分析"，载《政治与法律》2021年第12期。

〔3〕 参见周立波："破坏计算机信息系统罪司法实践分析与刑法规范调适——基于100个司法判例的实证考察"，载《法治研究》2018年第4期。

〔4〕 李玉萍主编：《网络司法典型案例·刑事卷（2019）》，人民法院出版社2020年版，第36页。

的后果。因此，"非法获取计算机信息系统数据、非法控制计算机信息系统罪"只能适用于那些获取国家事务、国防建设、尖端科学技术领域之外的计算机信息系统中存储、处理或者传输的核心数据，或者对该计算机信息系统实施非法控制导致核心数据具有损坏、泄露风险的行为。

在量刑方面，4项涉"数据"类罪名同"危害国家安全罪"之间的刑罚种类与幅度差异较大，应当审慎定罪。其中，"危险作业罪"的刑罚种类与幅度是"一年以下有期徒刑、拘役或者管制"；"妨害药品管理罪"的刑罚种类与幅度是"三年以下有期徒刑或者拘役，并处或者单处罚金；对人体健康造成严重危害或者有其他严重情节的，处三年以上七年以下有期徒刑，并处罚金"；"非法获取计算机信息系统数据、非法控制计算机信息系统罪"区分了犯罪情节，"情节严重的，处三年以下有期徒刑或者拘役，并处或者单处罚金；情节特别严重的，处三年以上七年以下有期徒刑，并处罚金"；"破坏计算机信息系统罪"则"处五年以下有期徒刑或者拘役；后果特别严重的，处五年以上有期徒刑"。而11项"危害国家安全罪"在刑罚种类与幅度上明显更为严厉，甚至在部分罪名的刑罚种类上规定了"死刑"。有鉴于此，涉国家核心数据类犯罪在侦查、起诉阶段，应当明晰"核心数据"在犯罪过程中的作用。当"核心数据"作为"危害国家主权、安全和发展利益"的一种手段时，应当查明该行为的目的，并按照行为目的来"定罪""量刑"。而"核心数据"作为犯罪的客观对象时（看重"核心数据"的财产性价值），应当审慎使用"危害国家安全罪"中的诸罪名，更宜将其归入涉"数据"类犯罪。

（三）涉国家核心数据类犯罪的法律完善

随着《数据安全法》的颁布实施，涉国家核心数据类犯罪就成为我国必须解决的实践难题。"核心数据位于数据分类分级制度的顶端，相较于重要数据来说，具有更高敏感性和关键性，在重要数据保护措施之上实行更加严格的管理制度。"[1]但考虑到我国刑法4项涉"数据"类罪名、11

---

〔1〕 刘耀华："强化重要数据和核心数据保护《数据安全法》构建数据分类分级制度"，载《中国电信业》2021年第9期。

项"危害国家安全罪"同涉国家核心数据类犯罪之间的适恰性不足，我国应当从以下两个方面予以完善。

其一，修正"非法获取计算机信息系统数据、非法控制计算机信息系统罪"。从既有刑法罪名来看，涉国家核心数据类犯罪在定罪、量刑方面都面临着适恰性难题。但考虑到刑罚体系的稳定性和包容性，我国在《数据安全法》与《刑法》的衔接上，应当尽量以现有罪名为基础，在充分尊重数据类犯罪基本特征的基础上，区分"国家安全"犯罪与"社会管理秩序"犯罪的差异。基于此，我国可以将《刑法》第 285 条的"非法获取计算机信息系统数据、非法控制计算机信息系统罪"修正为"非法获取网络数据罪"。其理由有两个方面：一是该罪名的犯罪构成与"涉国家核心数据类犯罪"较为接近。但"非法获取计算机信息系统数据、非法控制计算机信息系统罪"更强调犯罪行为的技术性特点，[1]而"涉国家核心数据类犯罪"则倾向于管理违规的刑事制裁。所以，"非法获取计算机信息系统数据、非法控制计算机信息系统罪"在修正过程中可以不做"技术性手段"的前置性要求，或者直接将"管理违规"要素增加至"技术性手段"之后，扩大非法获取计算机信息系统数据犯罪的适用范围，[2]罪名修正为"非法获取网络数据罪"。二是划定相对清晰、分离的"数据犯罪—信息犯罪"惩治体系。我国《刑法》第 253 条之一已经明确了"侵犯公民个人信息罪"的犯罪构成要件，并将"出售"和"提供"公民个人信息这一上下游犯罪统一在一个罪名中。而"数据在本质上与信息和计算机信息系统具有极大区别，依靠保护二者实现保护数据的做法在实践中显现出局限性和滞后性"。[3]我国目前尚未对数据类犯罪作出整合，难免影响数据类犯罪的惩处。因此，以"非法获取网络数据罪"这一专门性罪名，建立数据

---

〔1〕 参见杨志琼："我国数据犯罪的司法困境与出路：以数据安全法益为中心"，载《环球法律评论》2019 年第 6 期。

〔2〕 参见杨志琼："非法获取计算机信息系统数据罪'口袋化'的实证分析及其处理路径"，载《法学评论》2018 年第 6 期。

〔3〕 王倩云："人工智能背景下数据安全犯罪的刑法规制思路"，载《法学论坛》2019 年第 2 期。

类犯罪的专有罪名，符合我国刑法的发展理念。

其二，完善行政处罚与刑罚之间的衔接协调机制。[1]《数据安全法》在涉国家核心数据类案件的制裁上，采用了行政处罚与刑事惩罚相结合的制裁理念：一方面，针对违反国家核心数据管理制度，危害国家主权、安全和发展利益的违法行为，由有关主管部门处 200 万元以上 1000 万元以下罚款，并根据情况责令暂停相关业务、停业整顿、吊销相关业务许可证或者吊销营业执照；另一方面，对上述行为构成犯罪的，则依法追究刑事责任。换句话说，我国在"涉国家核心数据类犯罪"的惩罚上，应当理顺行政处罚与刑罚各自的边界，做好行政处罚与刑罚之间的衔接协调，[2]避免将涉国家核心数据类案件过度划定为刑事案件。从《数据安全法》的规定来看，涉国家核心数据类案件特指违反国家核心数据管理的相关制度性要求，属于一种未能落实管理义务，造成管理失当、管理不善后果的行为。而危害国家主权、安全和发展利益，既可以是一种实际的加重后果，也可能是一种潜在风险。有鉴于此，国家核心数据类案件应当明确行政处罚与刑罚的衔接协调。一是行政处罚阶段。对未能落实管理义务，造成管理失当、管理不善后果的企业行为，应当承担违反核心数据管理义务的责任，给予相应的行政处罚。按照《数据安全法》第 45 条的规定，这种行政处罚责任的承担者，只是控制核心数据的商事企业（不包括具体责任人），而不包括政府、非营利性社会组织。否则"二百万元以上一千万元以下罚款""暂停相关业务""停业整顿""吊销相关业务许可证"或"吊销营业执照"等处罚措施将无从实施。二是核心数据类犯罪阶段。一旦管理失当行为在违反核心数据管理义务的同时，还造成了危害国家主权、安全和发展利益的实际后果，那么该管理失当行为即构成犯罪，依法承担刑事责任。[3]三是行政处罚与刑罚相衔接阶段。这一阶段以"危害国家主权、安

---

[1] 参见张红："让行政的归行政，司法的归司法——行政处罚与刑罚处罚的立法衔接"，载《华东政法大学学报》2020 年第 4 期。

[2] 参见卢勤忠、夏陈婷："行政处罚与刑罚的对流机制研究"，载《河北法学》2020 年第 3 期。

[3] 刘宪权、石雄："网络数据犯罪刑法规制体系的构建"，载《法治研究》2021 年第 6 期。

全和发展利益"风险的发生可能性与可补救性作为判断标准。当某一"违反国家核心数据管理制度"导致国家主权、安全和发展利益遭受较为严重的风险，或者风险较低却难以补救时，该行为应当定性为"犯罪"；反之则给予行政处罚即可。

《数据安全法》的颁布实施，终结了数据垄断、数据流通、数据分析的野蛮发展，并从国家安全和经济有序发展的高度上，重新塑造了我国数据从业者的义务和责任，极大地推动了我国数字市场的快速形成和有序发展。当然，目前《数据安全法》对涉国家核心数据类案件的惩治较为抽象、宏观，亟待数据分类分级行政法规、数据管理类法律等辅助性法律法规来完善数据法治体系，重要数据和"国家核心数据的量化差异留待特别法或下位法予以规定，或者交由各地区各部门各行业根据自身情况来确定"。[1]特别是在"数据互联"这一新领域、[2]新事物的快速发展期，我国对涉国家核心数据类案件的惩治应当秉持谦抑理念，以促进数字经济发展、维护国家总体安全为目标，有序做好涉国家核心数据类案件的行政处罚与刑罚衔接协调，充分发挥市场对"数据"这一生产要素的调节作用，以法治思维和法治方式保障我国数字市场建设。

---

〔1〕 蓝蓝："数据安全立法视角下的重要数据：内涵、识别与保护"，载《思想理论战线》2022 年第 2 期。

〔2〕 参见沈志宏、黎建辉、张晓林："关联数据互联技术研究综述：应用、方法与框架"，载《图书情报工作》2013 年第 14 期。

第八章
个例讨论：医疗数据流通及其治理

步入 21 世纪以来，世界范围内已经发生多起公共卫生危机，如埃博拉疫情、SARS 疫情、H1N1 疫情等。在全球性公共卫生危机的影响下，各国学者纷纷反思公共卫生风险治理问题，并将焦点定位于医疗数据的共享与流通上。当前，"人工智能""大数据""互联网"等新兴科技极大地推动了人类社会的快速发展，深刻改变了各个行业的传统形态，并"形成了以信息为资源，以网络为基础平台的全新数字经济形态"。[1]尤其是在大数据技术的主导下，各行各业的发展水平，越来越明显地反映出数据治理能力的差异。党的十九届四中全会更是将"大数据"与"数据市场化"[2]、"有序流通"、"制度规则"有机结合，打造"大数据+"治理模式，助推"智慧社会"建设。而此次新冠疫情的全球性扩散，进一步革新了"数据治理现代化"这一时代命题。本书试图从"数据流通与治理变革"的交叉视角，进一步探究公共卫生风险下医疗数据流通的治理转向问题。所谓"数据流通"，是指"向他人提供数据或使他人接触或使用数据的行为"。[3]在福利经济学下，医疗数据流通的治理转向将修正传统医疗数据应用的"信息孤岛"难题，进而获得一个符合公共福祉却有悖于现行治理路径的结论，即医疗数据的私权保护策略无力于解决公共健康提升问题；数据资源流通的市场化治理模式不仅能改善数据保护效果，还能提高社会整体福利，进而有助于打造共建共治共享的新型医疗治理体系。

---

〔1〕 马长山："人工智慧与未来法治"，载《河北法学》2018 年第 10 期。

〔2〕 朱嘉明：《未来决定现在：区块链·数字货币·数字经济》，山西人民出版社 2020 年版，第 422 页。

〔3〕 高富平："数据流通理论：数据资源权利配置的基础"，载《中外法学》2019 年第 6 期。

一、医疗数据流通的治理实践展开

在公共卫生治理现代化的推动下，医疗数据已经成为一个国家的战略性资源。尤其是在公共卫生风险的影响下，医疗数据的高效流通将实质性地提升我国公共卫生治理体系与治理能力现代化水平。为此，我国已在市场化操作、公益性追求以及立法实践等方面，开始尝试医疗数据流通的探索。

（一）医疗数据流通的市场尝试

面对提升社会医疗福利的总体需求，医疗数据也被赋予了增进社会整体福利的公共属性。因此，人们在面对医疗数据泄露，强调个人隐私保护的同时，也开始重视医疗数据背后的社会性价值。目前，医疗数据自由流通的频率越来越高，国内外已经形成了许多医疗大数据流通平台。例如，我国阿里巴巴集团的医联体数据应用平台、加拿大 Health Infoway 项目以及美国的 Explorys 医疗流通平台等。[1]自 2014 年以来，我国出现数据交易所、数据交易中心等数据流通实体机构，并建立了较为系统的数据流通规则。这些数据流通机构和流通规则的运行，进一步推动了我国公共卫生治理体系建设，提升了我国公共卫生治理水平。从上述医疗数据流通平台的运行情况来看，医疗数据的种类被分化为政府公开的医疗数据、医疗机构内部数据以及公民个人医疗数据。其中，政府提供的公共医疗数据，允许个人和医疗机构合理使用；医疗机构除了掌握自身医疗活动所产生的数据，在一定条件下也会吸收政府的公共医疗数据，但彼此之间的数据价值并不会因数据流通而产生损失；而个人医疗数据的流通实践则显示，人们往往通过同意或者授权他人合理使用的方式来许可数据流通，而他人（未必是医疗机构）则通过交易、分析所获取的个人医疗数据来获取收益。

---

〔1〕 经统计，"美国的 Explorys 公司，提供平台以托管临床数据、运维数据和财务数据，托管了约 1300 万人，4400 亿条数据，数据规模在 60 TB 左右，在 2013 年已达到 70 TB"。参见陈敏等编著：《大数据浪潮：大数据整体解决方案及关键技术探索》，华中科技大学出版社 2015 年版，第 22 页。

除了医疗数据的社会化流通，医疗数据的局部流通同样会改变传统医疗市场秩序。这是因为，"医疗决策用于分析的数据越全面，其决策分析的结果越接近真实"。[1]传统的医疗决策由于信息的匮乏而只能依靠自身的有限经验作出判断。为此，医疗机构已经开始通过交换病历信息来达到信息共享的目的。而且，针对个体医疗数据，现有信息技术已经能够做到点数据、块数据的整合，进而利用大数据技术完成数据的对比、分析。可以说，医疗数据的局部流通，能够显著提升我国的公共卫生治理能力与治理水平。当不同医疗机构之间实现医疗数据互动流通时，疾病防治的预判效果也将大大提升，而且疑难病患的防治也将更易于解决。尤其是随着大数据时代的到来，碎片化的医疗数据逐渐被整合为一个集合式医疗资源。医疗数据流通也不再单单体现为提升公共健康的功能，同时还展现出具备市场化趋势，并不断通过数据交易行为实现数据价值的最大化。但是，既然医疗数据的收集过程是有成本的，那么数据流通当然也不会是免费的。因此，医疗数据市场化流通的深层次逻辑是医疗数据的合理取得和有偿流通，进而形成稳定的医疗市场秩序。

（二）医疗数据流通的公益追求

医疗数据流通是现代社会对国家、医疗机构以及公民个人的全新要求。它不仅强调公民享有获取医疗救助的权利，[2]更注重公民个人在社会化医疗中的公共参与和社会责任。尤其是在大数据时代，医疗数据的流通需求与其说是市场主导，不如归结为人类对医疗福利的公益性追求。一方面，对医疗数据流通主体不应当作出特殊限定，同时也要保持数据提供者的开放性。不论是个人还是医疗机构、医疗公共服务部门，都可以通过互联网获取医疗数据，实现医疗方案的共建共治共享。另一方面，不同于传统的医疗数据泄露，现代医疗数据的开放性流通实际上是在全球范围内实

---

〔1〕　陈惠芳、徐卫国："大数据视角下医疗行业发展的新思维"，载《现代管理科学》2015年第4期。

〔2〕　参见吕学静等：《中日社会救助制度比较研究》，首都经济贸易大学出版社2017年版，第132页。

现"医疗平等化",[1]防范公共健康风险的必要举措。除此之外,医疗数据流通不仅能为公共健康风险防控提供更多的经验支撑和治理依据,还能够通过互联网普及来展现医疗科普优势。对于专门性的医疗机构而言,通过大数据技术实现医疗数据的再分析,减少医疗数据转化为医疗手段的中间环节,无疑将极大地提升社会整体医疗水平。这样,医疗数据的价值能够在全社会得到充分释放和共享,实现医疗数据的效用最大化。医疗数据的供给者、持有者与受益者也将在医疗数据流通中消除双方信息不对等的障碍——这不仅是指一个国家内部的医疗数据流通,更要求发达国家向发展中国家提供医疗支持——从而推动全社会的公共健康治理水平。

当前,加强医疗数据流通的目的在于满足社会不同主体对于医疗数据的需求,从而解决医疗领域"信息孤岛"的现状。其旨在利用互联网这一信息流通平台,推动非隐私性医疗数据的流动与应用。但是在医疗领域内部,医疗机构之间往往严密防护自身获取的医疗数据,严格限制医疗数据的社会化流通,由此也导致医疗领域数据封闭严重。同时,在教育数据、司法数据、市场数据等公共数据已经实现了全社会开放流通的情况下,医疗数据治理实践的缓慢推进不免令人费解。尽管有些研究将其归因于医疗机构核心机密的自我保护,[2]但因忽略了数据流通背后的深层次社会问题而明显不得其所。在公共卫生安全的国家治理意愿下,追求经济利益的理由同样难以承担起医疗行业"信息孤岛"的全部责任,其背后的制度因素与社会问题才需要接受慎重考量。

当前医疗数据的"孤岛"状态,缘于"国内没有一个大的软件企业对医院信息系统做这样的研究、卫生管理部门没有出台通用的标准和医院没有对信息系统做整体筹划等"。[3]这些因素使得医疗资源积累和社会化应

---

[1] 参见巴曙松、杨现领:《新型城镇化融资与金融改革》,中国工人出版社 2014 年版,第 16 页。

[2] 参见徐志祥、崔建民:"大数据时代我国区域医疗数据共享存在问题及对策",载《现代医院管理》2017 年第 3 期。

[3] 朱福主编:《上海徐汇云医院:智慧医疗实践与创新》,上海科学技术出版社 2018 年版,第 125 页。

用不对等，严重阻碍了我国公共健康福利的提升，同时也造成了医疗资源的巨大浪费。随着大数据技术、网络技术的发展与普及，医疗数据流通已不再是一个技术性难题，[1]数据资源流通、医疗优势互补成为我国医疗治理现代化的重要需求。尤其是在公共健康风险的影响下，各类医疗机构有必要将医疗数据逐步公开化，提升公共健康治理水平。这就要求我国的医疗数据存储机构在现有网络基础设施和平台建设的基础上，打破医疗数据的"信息孤岛"难题，实现医疗数据的纵向联通、横向联动，使得数据多样化与各类业务领域跨部门深度融合，服务于智慧城市、智慧医疗、健康服务等社会领域，让社会能够从医疗数据流通中获得集体性福利。

（三）医疗数据流通的立法实践

医疗数据流通受到数据性质的极大影响。目前，医疗数据分别采用人格权保护和财产权保护两种保护路径，[2]而且不同的保护路径将医疗数据流通导向不同的方向。在人格权保护进路下，社会公众并不希望其身份信息同病例、药物、试验等医学活动并行提及，医疗机构也不情愿将医疗数据分享给其他医疗机构或个人。但实际上，无论是社会公众还是医疗机构，对医疗数据的封闭性保护都略显不足。这是因为，在市场的作用下，他人非法获取医疗数据的努力远高于患者与医院的保护力度。前者既能够从患者消费记录中收集到各种各样的"医疗数据印记"，又能够通过非法途径购买到患者的医疗信息。而医疗机构对医疗数据的保护，又面临接触者众多、监督难度大等难题，因此难以完全封闭式保护。加之医疗数据掌控者与所有权人的分离，最终导致我国医疗数据流通的不畅。因此，人格权保护路径的落实，实际上强化了患者的隐私权，提升了医疗机构的数据保护义务，限制了数据流通。

人格权保护是一种合乎法理的权利保护路径，但并不一定是高效的医疗行业治理方案。故此，立法者与医疗机构都必须在他人隐私权与社会公

---

〔1〕　Bradley Malin, Kathleen Benitez, Daniel Masys. *Never Too old for Anonymity: a stalislical sdan-dard for demographic dala sharing via the HIPAA Privacy Rule*. 18 Journal of The American Medical Informatics Association, 2011（1）, pp. 3-10.

〔2〕　参见韩旭至："数据确权的困境及破解之道"，载《东方法学》2020年第1期。

共健康之间寻找平衡点，才能推进公共健康的发展。为了达到这种平衡，国家不仅要保障数据权利主体的人格尊严，还要协调公共健康的发展。例如，欧盟《通用数据保护条例》就明确规定，为了国家安全、公共健康等公共利益，可以合理处理信息主体的个人信息。〔1〕但这样，人格权保护路径就很难在保障患者权益的基础上，放开医疗数据流通限制。然而，由于医疗数据流通深刻影响一个国家的公共健康水平，有学者主张采取财产权保护路径，推动医疗数据的共建共治流通，提升公共健康水平。这是因为，医疗数据展现出清晰的财产权属性：（1）医疗数据的有价性。个人医疗数据在有序收集和集成化处理之后，已经因劳动输出和知识叠加而转化成一种无形数据资产。对于医疗领域而言，这些医疗数据资产可以深刻影响医疗机构与医药研发企业的市场优势。〔2〕因此，医疗数据基于强烈的经济需求便具备了有价性。（2）医疗数据的可处分性。医疗数据权利人可以通过医疗服务合法收集与有偿转让等方式来处分自身的数据利益，使得医疗数据成为商业交换的对象，进而展现出医疗数据的交换价值。〔3〕（3）医疗数据的可流通性。个人数据具有个体属性，但医疗数据却具备公共属性。医疗行业的从业者历来依靠诊疗经验来提升医疗水平，因此对于医疗数据的需求度更高。在医疗数据本身具备价值，且能够显著提升公共福利的情况下，医疗数据便具备了可流通性功能。当然，由于医疗数据本身涉及他人的人身信息，数据使用人在数据流通过程中必须保障他人的医疗隐私或者其他人身权益。因此，患者隐私权将会对医疗数据的可流通性产生一种限制性效果——去标识化。〔4〕申言之，此种限制性措施有利于实现人格尊严保护以及数据流通的价值平衡，个人医疗数据进入市场流通必须符合法治框架。

---

〔1〕 石宏主编：《中华人民共和国民法典立法精解（下）》，中国检察出版社2020年版，第1361页。

〔2〕 张玉洁、胡振吉："我国大数据法律定位的学说论争、司法立场与立法规范"，载《政治与法律》2018年第10期。

〔3〕 李爱君："数据权利属性与法律特征"，载《东方法学》2018年第3期。

〔4〕 张勇："个人信息去识别化的刑法应对"，载《国家检察官学院学报》2018年第4期。

二、医疗数据流通的治理风险

大数据时代，数据流通已是一种不可逆转的趋势，其终将从封闭保护迈向共享互通，进而在国家治理层面形成新型数据治理体系。当前，我国应当积极推进医疗数据的流通，以提升公共健康水平和公共卫生安全体系。但受到个人隐私与商业秘密的交叉影响，医疗数据流通在国家治理层面也面临着多方面的治理风险。

（一）医疗数据流通的市场化治理风险

公共卫生风险正在推动传统医疗数据使用方式的质变。一方面，医疗数据的流通者可以通过专门数据库主动地检索到更多的医疗信息，并借助专业仪器来生成二次数据，从而衍生出更高的医学价值。另一方面，数据流通改变了过去医疗数据碎片化存储、利用价值低的固定思维，转而将分散、孤立的点数据和条数据通过特定的数据库加以汇聚形成网络数据，从而使得人们意识到医疗数据等数据形式具有某种可利用的价值，进而为医疗数据流通提供动能，让医疗数据真正成为社会资源。可以说，医疗数据的开放式流通已经是当今社会不可逆转的一种趋势。数据控制者可以对医疗数据进行交易、传播和流通，从而推动整个医疗领域、不同主体基于数据流通而形成现代数据文明。但医疗数据流通也隐藏着诸多风险，其中最大的风险仍是医疗数据有价性所带来的数据垄断，据统计，"92%的门诊和94%的住院在公立医疗机构发生，自然而然，医疗数据生产系统也被公立医院所垄断"，[1]倘若医疗数据随意公开、流通，其内容就会被其他竞争者知晓，医疗机构所掌握的数据优势也就不再是一种市场优势。这也就意味着在医疗行业内部，医疗数据的垄断性要求会高于流通性需求，从而抑制数据的市场流通。在数据开放流通的过程中，数据的垄断必然会加大数据流通和利用的难度、广度。因此，医疗机构往往把医疗数据当作一种无形资产进行管理，将医疗数据进行严格保密。

---

〔1〕 吴凌放主编：《"互联网+医疗"服务业：发展、挑战与展望》，上海交通大学出版社2018年版，第67页。

然而，在国家公共卫生安全需求面前，医疗数据垄断仅是市场自由竞争情况下的短见性决策。在国家公共卫生治理现代化进程中，国家基于社会公共健康福利提升的需要，必定积极调控公共医疗数据、医疗机构数据以及个人医疗数据的全面流通，以此提高公共卫生治理效能。在这种情况下，国家应当率先对医疗数据流通的市场化治理风险作出预判与规制，以弥补个体医疗数据、医疗机构数据流通所带来的市场损失。一方面，医疗数据作为一种新型无形财产，在数据的收集和形成上都需要消耗大量的财力和人力。这部分劳动所附带的资产价值应当在流通中予以弥补。另一方面，由于医疗数据往往裹挟着个人隐私信息，医疗数据流通极有可能"增加数据主体的隐私和数据安全风险"。[1]因此，除非获得医疗数据权利人同意，否则多平台流通医疗数据极易导致侵权行为的发生。因此，只有经由医疗数据的"去标识化"，才能向社会流通该数据。[2]这无疑增加了医疗数据控制者的流通义务与治理成本。鉴于医疗数据的局部流通以及特定数据"去标识化"应用已经具备了实践基础，因此即便是通过增设条件、义务、费用等方式给予特定主体一定的数据流通权，也将为社会公共卫生的发展提供一大助力。

（二）医疗数据流通的立法成效风险

医疗数据在当下往往被视为隐私数据的范畴。我国《网络安全法》第44条与第76条通过交叉性规定，明确将涉及个人信息的数据作为公民个体权益的组成部分。也就是说，他人对医疗数据的侵犯，既可能侵犯公民个人隐私权益，也可能侵犯公共卫生网络安全秩序。尤其是在公共卫生风险与国家治理现代化的双重要求下，个人医疗数据所具备的公共价值，正在带来更多的公共健康福利和社会治理价值。因此，在福利经济学的分析框架之下，医疗数据流通被简化为"个人福祉"与"公共福祉"的平衡问题。确切地说，立法者需要优先解决个人信息保护与社会公共卫生发展之

---

[1] 付新华："数据可携权的欧美法律实践及本土化制度设计"，载《河北法学》2019年第8期。

[2] 宋筱璇、王延飞、钟灿涛："国内外科研数据安全管理政策比较研究"，载《情报理论与实践》2016年第11期。

间的利益取舍难题，才能在公共卫生治理中获得制度成效。一般认为，这些利益取舍起源于医疗数据的个人隐私与商业秘密的交叉影响。但在大数据时代，医疗数据流通远比"信息孤岛"更具备社会福利效应。尽管医疗数据流通受患者隐私权的深刻影响，但采用局部流通的模式未必触动患者的基本权益。目前来看，医疗机构已经能够有效区别医疗数据的基本类型，分清哪些不可以开放，哪些可以向公众流通，流通后由谁负责等问题。它可以选择附条件交易或者在内部进行流通、分析、研究，形成局部流通下的医疗数据治理模式。但这并非否定医疗数据的隐私权属性，而且医疗隐私保护始终都是数据流通领域无可规避的难题。而对于医疗机构而言，"数据流通有利于盘活自身海量的限制医疗数据，提升医院影响力。同时，也能获得更好、更全面的其他医疗数据，提升业务能力，与用户建立更好的医患关系（减少医患纠纷），降低数据采集、分析成本"。[1]因此，我国有必要形成一套更为高效的立法方案来治理数据流通问题，从而明确医疗数据的可流通范围、数据权利人、数据控制者义务等内容，并指引医疗机构有序开展医疗数据的采集、使用等，从而确保医疗数据安全、统一、科学地流通，更好地推进公共卫生治理现代化建设。

（三）医疗数据流通的信用风险

在数字时代，医疗数据的共享流通，可以通过数字化存储与提取等方式，实现医疗数据的高效管理，进而为医疗机构提供数字化工具，提升医疗系统的效率。[2]然而，医疗数据流通速率的加快也会影响医疗数据本身的可信度。第一，数据权利人在流通数据时，有可能传播不实数据来吸引他人的注意，使得人们对医疗数据的整体价值丧失信任。第二，医疗数据流通可能侵害他人个人信息。"医疗数据的流通、开放和利用既关涉医疗机构间竞争性资源的有效配置，也关涉患者个体权益以及公共卫生和社会治理的社会公共属性的实现。"[3]医疗机构对数据资源的侵占，极易对公

---

[1] 顾娟：《区块链》，中国纺织出版社有限公司2020年版，第161页。

[2] 参见艾江、王波、童昌华主编：《区块链革命》，浙江科学技术出版社2020年版，第234页。

[3] 陈兵："激发数据要素的生命力与创造力"，载《人民论坛》2021年第Z1期。

民的个人隐私产生侵害，进而使得公民对医疗数据流通机制缺乏信任感。第三，大数据时代出现了多种数据处理技术，使得个人数据的收集更加隐蔽和容易。侵权人足不出户就能够轻易获取他人的个人数据，而权利人很难发现自己的个人数据何时脱离了控制。在数据流通频率、深度和广度不断加剧的情况下，人们往往无意识地"主动"留下自己的医疗数据。鉴于上述现象可知，医疗数据流通的信任风险主要来自数据的"不告自取"和过度泄露。因此，我国在允许医疗数据流通之前，应当通过"建立医疗数据的流通、共享机制，研究数据脱敏办法，推动数据的标准化与规范化，建立标准测试数据集"等措施，[1]来解决公共卫生治理中的信任风险。

目前，我国医疗数据的征信机制尚未形成统一的标准和模式。若是完全利用传统的"失信名单统计"模式进行规制，会给医疗数据的流通带来更多"交易成本"，[2]不仅增加医疗数据流通的难度，而且不能从根本上解决社会内部的信任风险问题。因此，针对医疗行业的"信息孤岛"特性，我国在医疗数据流通的信用风险防控上，应当排除公民个人这一医疗数据主体，而将制度设计定位于医疗机构。换句话说，医疗数据的生成主要来自医疗机构和公民个人，而医疗机构实际上是不特定人群医疗数据的集合者。在这种情况下，医疗数据流通的信用风险防控应当围绕医疗机构所控制的医疗数据加以展开。其中既包括医疗数据的收集、分类、公开环节，也包括对数据的验证、流转、交易等市场化行为。从而在医疗数据流通的全环节，做好数据信任风险防控工作，提升公共卫生治理水平。

三、医疗数据流通的治理变革

对于当下的国家治理而言，医疗数据流通是一把"双刃剑"。倘若强化个人信息保护，就可能被迫接受公共健康福利的公益性损失；而若全面放开（抑或以医疗行业为界而局部放开）医疗数据流通，又难免影响公民

---

[1] 王海星等："人工智能在医疗领域应用现状、问题及建议"，载《卫生软科学》2018 年第 5 期。

[2] 赵磊："商事信用：商法的内在逻辑与体系化根本"，载《中国法学》2018 年第 5 期。

的隐私权益保护。这样，遭受重创的就不仅仅是公民个人，而是整个私权保护秩序。如果国家希望在公共卫生治理现代化进程中抑制上述数据流通风险，就必须在"个人福祉"与"公共福祉"之间把握好治理分寸。因此，在"个人隐私保护"无力阻止医疗数据的公益化流通的情况下，唯一能够限制医疗数据流通的因素就是国家治理力度的强弱。好在科技发展与现行法律体系已经为此作了充分准备，我国只需对此进行制度变革即可。

（一）利用主权区块链完善医疗数据信用机制

医疗数据安全问题已经深刻关系到国家安全和社会发展进程。一旦医疗数据在流通过程中出现安全风险，整个国家的公共卫生治理体系都会面临重大的数据信用危机。因此，医疗数据安全必须解决数据本身的可信任度问题。值得庆幸的是，虚拟社会中区块链技术和信用制度的结合，已经在互联网领域展现出独特的治理效能。例如，"phrOS 是世界上第一个医院范围内的区块链集成项目，主要实现医疗数据的流通、患者智能 ID 及签名和自动化保险等功能，目前项目已经进入应用阶段"。[1]在医疗数据信用难题与公共健康保障的双重压力下，我国可以利用主权区块链（Sovereign block chains）技术，解决医疗数据流通背后的信用背书难题。主权区块链是指"在坚持国家主权原则的前提下，加强法律监管，以分布式账本为基础，以规则和共识为核心，根据不同的数据权属、功能定位、应用场景和开放权限构建不同层级的协议，实现公有价值的交付、流通、分享及增值"。[2]相较于无主权、无监管、去中心化的私有区块链（Private block chains），主权区块链展现出"共建""共治""共享"的时代特性。主权区块链由一个主权国提供监管节点，具备控制和监督链上数据的能力，并提供相对去中心化的网络空间，在身份认证和账户管理的双重职能下，形成法律规制之下的技术法治和包容性数据规则体系。区块链技术"虽然可

─────────────

〔1〕 高泽龙、吕艳：《区块链思维》，北京邮电大学出版社 2021 年版，第 160 页。

〔2〕 大数据战略重点实验室：《块数据 3.0：秩序互联网与主权区块链》，中信出版社 2017 年版，第 103 页。

以大大提高效率，但社会的正常运行仍需要相关权力部门的合理干预"，[1]因此它往往需要国家确立专门监管部门来负责管理数据写入权限，确保每个主权区块链点对点的参与者都能够符合数据使用规则。遵守技术规则与法律规则，就成为主权区块链应用于医疗数据流通领域的优势和前提。此外，主权区块链的可监管、可治理、高信任等特点，使得医疗数据在流通中避免数据造假行为，并能够通过整个主权区块链实现信用记录功能，达到医疗数据的全链校验和信用公示，切实杜绝数据验证与信用自律等难题，拓展医疗领域数据流通的多元治理结构，达成医疗数据流通过程中权利人和流通者的利益共识。因此，主权区块链将成为有效解决医疗数据社会化流通的绝佳方案。

值得注意的是，医疗数据流通的未来趋势已经不再限定在某一主权国家范围内，而是超国家范围的、全球性医疗数据流通。[2]对此，主权区块链虽然能够有效解决国家内部医疗数据流通中的信用自律难题，但"区块链技术不可能脱离公共政策或法律自主运用，应将该技术纳入版权保护的立法范畴，使利用区块链技术保护数字知识产权有法可依"。[3]因此，对于国际性医疗数据流通，各国仍需要作出诸多调整和监管策略改良，以便切实加强全球性医疗数据流通的安全性。美国即"在原则上允许数据跨境流动的前提下（不论数据在何地理位置），要求控制数据的机构（或数据控制者）确保个人数据在跨境传输过程中的安全"。[4]欧盟则要求其成员国遵照《通用数据保护条例》的要求，提升各成员国的个人数据保护水平，而许多东欧国家也选择性地同该条例保持一致。有鉴于此，全球化的医疗数据流通，不仅要在一个主权国家内部形成医疗数据流通平台，还应

---

[1] 宁梦月、刘东苏："基于区块链技术的数字知识产权保护方案研究"，载《情报理论与实践》2020年第7期。

[2] 有数据显示，2013年至2015年，全球数据流通量翻倍。而到2016年年底，全球数据流通量再次增长三分之一。而且，全球数据流通量同商品和资本贸易量的增长曲线成正比。参见周振华：《全球城市——演化原理与上海2050》，格致出版社、上海人民出版社2017年版，第201页。

[3] 毛宁、张小红："基于区块链技术的网络版权保护"，载《图书馆论坛》2019年第8期。

[4] 许多奇："个人数据跨境流动规制的国际格局及中国应对"，载《法学论坛》2018年第3期。

当充分尊重主权国家的数据共享意愿，积极构建不同国家、不同地区之间，甚至全球性的医疗数据流通标准。这就要求我国在医疗数据的国际化流通上建立医疗数据的国别保护机制，加强我国医疗战略性数据的保护，共享基础性医疗数据，推动全球性医疗数据的互融共通。

（二）重塑数据监管模式

医疗数据流通的市场化治理风险，要求公共卫生治理者必须在"个人福祉"与"公共福祉"之间作出权衡。实际上，这一权衡在风险社会中，已经转换成"监管力度应当进一步提升还是进一步降低"的问题。目前，我国的医疗数据主要被公共卫生行政主管部门、医疗机构和个人三类主体所掌握。个人医疗数据的泄露通常也是由于上述两个领域的监管不善所致。为了保护医疗数据的隐私安全、保障医疗数据流通的稳定有序，医疗数据的监管应当贯穿数据的采集、存储、交易、传输、再利用等各个环节。在医疗数据流通背景下，公民所拥有的数据权利与医疗机构的数据应用权利相比，显然是不对等的。但随着法治政府的有序推进，无论是公共卫生行政主管部门还是医疗机构，非经法定程序均不得恶意披露公民的个人数据，以避免医疗数据流通活动中出现侵犯公民个人信息的情况。因此，我国应当切实履行自身的公共服务职能，提升医疗数据流通的监管力度。针对公共医疗数据，我国行政机关应当对数据披露原因、公开范围、公开时间以及获取数据者的具体情况加强监管，尽量减少不必要的数据披露，以提升整个社会的公共卫生治理能力，推进国家治理现代化，实现医疗数据的有序普及。

在对公共卫生治理领域加强行政监管的同时，我国还应当在以下三个方面强化监管效能：首先，建立医疗数据流通中的个人信息监管机制，防止数据被攻击、泄露、篡改等，以保障公民的个人隐私安全。这就要求我国建立医疗数据识别机制，"利用规范性数据资源细化分析的有利条件，对更多的安全隐患防护处置体系予以建设"。[1]同时对于医疗数据采集、

---

〔1〕 苟小军："事业单位计算机通信网络安全存在的问题与对策"，载《电子技术与软件工程》2018 年第 3 期。

交易行为，国家和公民都应当保持一定的数据识别能力，避免在未采取任何保障措施的环境下进行医疗数据交易，尽量避免从高等级安全域向低等级安全域进行数据交换。其次，建立个人医疗数据"去标识化"采集、流通机制，甚至可以由国家建立统一的"个人信息匿名化"的法律标准与判断规则，[1]不在互联网领域流通个人隐私信息。对此，医疗数据的收集者可以利用算法技术对数据进行匿名处理，消除个人交易信息、家庭情况、工作情况等个人隐私，进而在网络或者特定领域实现数据共享。在去除医疗数据中的隐私信息之后，医疗数据的人格权与财产权属性会适度分离，且社会化属性显著增强，从而有效保护个人信息与医疗数据开放之间的平衡。最后，区分医疗数据的类型。"医疗数据类型复杂，不仅限于电子病历中患者的基本数据、输入转出数据等结构化数据，还包括医学影像数据、临床实验室检测数据及互联网中存在的医学数据等海量的半结构化和非结构化数据。"[2]医疗机构应当区分出医疗数据中的专有数据与可流通数据。专有数据是直接与个人隐私相关的信息，不宜被纳入数据流通领域。因此，医疗机构应当建立对公民敏感性医疗数据进行特殊保护机制。同时，公民在就医、投保等时，有权要求医疗机构对收集到的公民专有数据加密保护，并明确合理使用范围。对于可流通医疗数据，我国应当采用"授权+准入许可"的双重监督模式。医疗机构收集、交易、共享行为除了得到个人的授权，还应当获得公共卫生行政机关的准入许可，并对自身所传递的医疗数据负真实性责任。

（三）完善医疗数据流通的知识产权保护机制

不论是具有独创性的数据结构，还是单纯采集数据内容本身，医疗数据流通的保护价值不仅体现在数据本身，更多地体现在医疗数据搜集者所投入的财力、时间、智力上。但传统的知识产权法旨在保护成果的独创性、新颖性。除了对数据的遴选、编排作出独创性的数据库，大部分的医

---

〔1〕 张建文、高悦："我国个人信息匿名化的法律标准与规则重塑"，载《河北法学》2020年第1期。

〔2〕 陈焱、高立冬主编：《现代公共卫生》，科学技术文献出版社2017年版，第676页。

疗数据往往未能纳入知识产权法的保护范围中。申言之，由于《著作权法》仅对数据的独创性编排方式或者检索手段进行保护，却不保护其编排或检索的数据内容本身。只要竞争者简单地改变数据的编排方式或检索手段，就能轻易规避法律规定。[1]但是，医疗数据库的真正价值并不在于其独创性，而在于其数据集合形式。因此，医疗数据流通所带来的知识产权保护相较于传统的知识产权，具有更高的保护难度，以及更高的侵权可能性。为此，医疗数据流通下的知识产权保护，已是大数据医疗时代下公共卫生治理体系必须解决的核心问题之一。我国在推进医疗数据流通过程中，更是应当坚持审慎监管和创新应用的原则，做好医疗数据的制度创新。

目前，欧盟《数据库指令》对医疗数据库的流通给予"双轨制保护"，即在传统数据库保护的基础上，对数据库生成者所投入的资金、时间、人力等花费给予特殊保护。[2]从本质上来说，这与著作权法保护作品的独创性权利相似，体现为国家对"无形知识财富"投入性保护的制度激励。在医疗数据所有权尚存争议的情况下，这种特殊激励方式能够对医疗数据库及其流通附加足够的制度保障。首先，我国应当对数据库生成者的使用权、处分权、修改权、保护数据完整权等财产性权利进行保护，肯定数据库生成者的"署名权"等人身性权利。其次，鉴于医疗数据的公共健康福利属性，我国应当明确医疗数据流通中的"合理使用"范围。他人在学术性使用、个人学习性使用、评论性使用等情况下合理使用医疗数据，可以不经医疗数据生成者许可，不向其支付报酬。最后，鉴于医疗数据流通可能折损其商业价值，我国应当准许医疗数据生成者通过"广告""服务""电子商务"等市场行为，获得经济回报，抑制医疗数据流通中的"搭便车行为"，[3]从而推动公共卫生治理现代化建设。

〔1〕 刘新宇："大数据时代数据权属分析及其体系构建"，载《上海大学学报（社会科学版）》2019年第6期。

〔2〕 刘祯娜："《欧盟数据库指令》研究及对我国图书馆数据库法律保护的影响"，载《新世纪图书馆》2011年第11期。

〔3〕 丁晓东："数据到底属于谁？——从网络爬虫看平台数据权属与数据保护"，载《华东政法大学学报》2019年第5期。

　　继工业文明之后，数据流通正在催生一种崭新的文明形态——数字文明。[1]后者成为改善国家治理体系和提升治理能力的重要驱动力。这种现象反映在公共卫生治理现代化进程中，突出表现为个人权益与社会福祉之间医疗数据权益关系的重构。然而在当下，医疗数据流通是一把"双刃剑"，虽然医疗数据流通能够进一步推动我国公共健康水平的发展，但医疗数据流通也引发了数据安全、信任鸿沟、隐私泄露等问题。在数据流通不可回避的当下，我国应该直面公共卫生风险，积极面对数据流通的时代要求，并利用不断发展的高新科技完善公共卫生治理体系。当然，医疗数据流通的兴起也必将引发人们对数据安全风险的关注，我国应该以医疗数据流通为契机，进一步加快建立健全科学、合理的数据治理体系，推进数据治理改革，协调公民权益保护和国家发展之间的关系，维护我国数据主权，形成一种个人与社会共相受益的数据治理模式。

---

　　[1]　当代中国与世界研究院、法国桥智库编：《文明交流与互鉴　构建人类命运共同体——2019·中法文明对话会论文集》，朝华出版社 2020 年版，第 195 页。

下　篇

个人信息类数据的法律讨论

第九章
"个人信息"的法律保护

互联网时代,在享受互联网浏览和利用信息快速方便的同时,公民的各种个人信息也在不断地被采集、处理以及使用,公民个人信息被侵犯的现象日益凸显,对公民个人信息的非法侵害甚至已经形成了暗网上的黑色产业链,个人信息数据遭到大面积泄露,信息网络领域的违法事件频发。当下,《个人信息保护法》已经颁布实施,但我国个人信息保护机制的系统化方案仍亟待进一步细化。虽然国内学者对个人信息保护的法理基础和价值取向已作出了许多针对性的研究,但仍存在个人信息界定模糊的问题。面对个人信息法律保护体系较为杂乱且缺乏上位法、救济机制不足的情形,通过比较研究的方法,可适当借鉴美国的分散法律保护模式、[1]欧盟的统一立法保护模式[2]以及日本的体系性法律保护模式,进一步完善我国个人信息保护机制的系统化方案,就成为当前一项重要的研究内容。而且,个人信息受侵害严重的问题背后隐藏的是社会各层面的利益权衡问题,如何处理个人信息保护与网络信息流通之间的关系亟须我国法学界作出解答。

一、我国个人信息保护现状

(一)刑法保护机制

作为刑法领域极为重要的一部分,个人信息的刑法保护主要涉及侵犯公民个人信息罪、拒不履行信息网络安全管理义务罪、非法利用信息网络

---

〔1〕 李燕:"美国的个人金融信息保护制度",载《人民法院报》2021年12月24日,第8版。

〔2〕 王秀哲:"大数据时代个人信息法律保护制度之重构",载《法学论坛》2018年第6期。

罪。[1]2015 年《刑法修正案（九）》就明确界定了侵犯公民个人信息罪的主体范围，降低了犯罪客观行为的门槛，并对量刑的标准也作出了相应的修改。同时刑法中的"收买、窃取、提供他人信用卡信息罪""非法搜查罪""侵犯通信自由罪"等罪也不同程度地保护了自然人的个人信息。2017 年最高人民法院、最高人民检察院发布的《关于办理侵犯公民个人信息刑事案件适用法律若干问题的解释》（以下简称《解释》），旨在解决刑法修正案中对侵犯公民个人信息罪的规定太过抽象以致定罪量刑困难等诸多问题，从而在刑法上形成了较为完整的关于个人信息保护的法律规定。

在现实生活中，随着互联网大数据信息处理技术的日益发展，违法者窃取、利用个人信息十分容易，导致侵犯公民个人信息的行为数量巨大。同时在互联网时代，个人数据的处理和利用显得至关重要。平衡个人信息权益保护和个人信息数据的开发利用之间的关系涉及社会各界的利益与发展。刑法不可能面面俱到，加之侵犯公民个人信息罪是《刑法修正案（九）》对"非法获取公民个人信息罪""非法提供公民个人信息罪"的修正而来的，难免存在一些不足（如对犯罪行为方式的规定范围不全面，关于"情节严重"的标准规定得不够明确等问题）；另外，侵犯公民个人信息罪缺乏对过失犯罪的规制，即便按照刑法规定过失并不构成侵犯公民个人信息罪，但过失造成的公民个人信息泄露事件也能达到十分严重的后果，这样刑法的保护就不够全面。在这种情况下，《解释》有待进一步具体明晰相关规定。

（二）民法保护机制

我国《民法典》中规定了对公民个人信息的保护，个人信息不受任何组织和个人的非法采集、使用和交易。《民法典》合同编对合同双方当事人的个人信息保护义务作出了规定。例如，在房屋买卖合同、电商服务合同中一方当事人的个人信息极易被另一方泄露，这样不仅违反了双方的合

---

〔1〕 参见洪友红主编：《互联网法律实务指南》，上海交通大学出版社 2020 年版，第 120—121 页。

同约定，且侵害了一方当事人的个人信息权利，受侵害的一方有权请求另一方承担合同违约责任或个人信息权侵权损害赔偿责任。《民法典》侵权责任编中规定，网络中侵害他人民事权益的行为应该承担相应的侵权赔偿责任，其中也包括了公民的个人信息权利。《消费者权益保护法》规定，消费者的个人信息权利是一项基本权利，强调了消费者个人信息权益的重要性。《民事诉讼法》中对于涉及当事人个人隐私的案件，作出了经申请可依法不进行公开审理的规定，一定程度上保护了民事诉讼当事人的个人信息权益。在互联网领域，最高人民法院《关于审理利用信息网络侵害人身权益民事纠纷案件适用法律若干问题的规定》是侵犯公民个人信息纠纷解决的主要依据之一，该规定针对互联网侵权行为作出了详细而明确的规定。

《民法典》还单独规定了对隐私权的保护，如何协调个人隐私保护与个人信息保护就成为"隐私权和个人信息保护"一章解决的问题。国内通说认为，个人隐私是指排除他人非法干扰的私人生活的安定宁静和不被公开或他人所知悉的私人生活的秘密。[1]个人信息与个人隐私的概念相互交叉包含，一般涉及私人生活领域的敏感个人信息属于个人隐私，而个人信息并不完全等于个人隐私，也非全部的个人隐私都属于个人信息的范畴。如若一项原属于个人隐私的个人信息被高度公开，那么它将不再是个人隐私。[2]王利明认为个人信息是一种具有积极的保护权能的"新型的人格权"，相反隐私权则具备消极的防御权能，两者的相关救济途径也不同，[3]应当以是否会侵害个人的人格利益来区分涉及的个人信息，通过人格权法对涉及人格权益的个人信息进行保护，并支持个人信息合理地积极利用，但不能超过法律和公序良俗的范围。[4]目前我国正处于从"个人隐私"保

---

〔1〕　王利明："隐私权概念的再界定"，载《法学家》2012年第1期。

〔2〕　张新宝："从隐私到个人信息：利益再衡量的理论与制度安排"，载《中国法学》2015年第3期。

〔3〕　王利明："论个人信息权的法律保护——以个人信息权与隐私权的界分为中心"，载《现代法学》2013年第4期。

〔4〕　王利明："论个人信息权在人格权法中的地位"，载《苏州大学学报（哲学社会科学版）》2012年第6期。

护到更全面的 "个人信息" 保护的阶段，相较于个人隐私的民事概念，个人信息的概念更为中性，受到保护的范围也更大，由此导致个人信息保护逐渐扩展至行政法领域。

（三）行政法保护机制

行政机关为了更好地履行公共管理和服务职能，往往涉及对公民个人数据的收集、处理和使用，[1]因此需要约束行政机关采集、处理、利用公民个人信息的行为。若有侵害公民个人信息的违法行为也应当受到法律的制裁。《政府信息公开条例》规定，个人信息主体享有信息知悉权和信息获取权以及请求更正的权利，同时对相关信息公开的规定也在一定程度上反映了行政机关对个人信息的重视程度。但 "我国在《政府信息公开条例》中针对各级行政机关的政府信息公开情况，明确要求要有年度报告制度，而对于个人信息保护方面还缺乏这样的制度"。[2]《行政复议法》《行政许可法》《行政诉讼法》《行政处罚法》都有对涉及个人隐私的案件材料和程序进行保护的相关规定。《护照法》《居民身份证法》中规定了政府机构采集和使用公民个人信息时应承担保密的职责。此外，《治安管理处罚法》《统计法》《社会保障法》《人口普查条例》也作出了相关保密的规定。《统计法》还对公民个人信息的处理、保存以及销毁方式进行了规定。当个人信息因行政机关的行政违法行为或不履行相应行政职责而遭受侵害时，受害人可以申请行政复议或向人民法院提起行政诉讼。同时行政机关内部可通过行政处分和内部通告批评的方式，对违法的行政机关工作人员和违法的行政机关予以惩罚。

除了行政机关自身行为涉及公民个人信息保护问题，还有一些企业和服务提供平台在运行的过程中也能获得公民的个人信息，需要制定一些规则约束这些信息控制主体的行为。这些法律法规主要有《网络安全法》《电信条例》《网络游戏管理暂行办法》等。《征信管理条例》对于征信系统中征信

---

〔1〕 参见章惠萍：《网络经济行为的法律规制研究》，浙江工商大学出版社 2020 年版，第 281 页。

〔2〕 国务院发展研究中心课题组：《"互联网+" 的支撑环境研究》，中国发展出版社 2017 年版，第 140 页。

企业对公民个人信息的采集、处理以及应承担的责任作出了较为详细的规定，规制了我国征信行业一直以来的乱象。但须注意的是，上述每一项立法都只是其中的一部分条文涉及了个人信息保护，对个人信息的收集和使用的规定非常分散，缺乏体系性，以致保护的力度受限。[1]此外，对于违法的法律责任也规定得十分模糊，缺少对侵犯个人信息的违法行为处以行政处罚的实际法律依据，导致追责无法可依。

二、我国个人信息保护机制有待进一步完善

(一) 对个人信息的概念界定模糊

"个人信息"概念的明确是后续立法的基础，并能给执法和司法提供一定指导。如果概念不清晰，将会对个人信息的保护机制构建进程造成阻碍。自19世纪末起欧美国家开始研究公民的个人信息保护问题，对于个人信息这一新兴的权利概念也已有了较为明确的界定。美国将个人信息纳入个人隐私的保护范畴。雷蒙德·瓦克斯在谈及公共人物的隐私与个人信息时就认为，"这些信息是所有人表面上可能期望得到保护的（即使这种保护随后被公共利益的考量所压倒）"。[2]欧盟国家则将个人信息定义为"已识别或可识别的个人相关的信息"，包含个人的姓名、出生日期、家庭住址等各个方面。[3]可见欧盟国家对于个人信息（"已识别或可识别的个人相关的信息"）的界定范围较为宽广，而美国将个人信息视为隐私权的界定范围较窄。

我国对于个人信息这一概念尚未明确，分散在各个法律法规中的个人信息界定也不尽相同。例如，《个人信息保护法》第4条规定，"个人信息是以电子或者其他方式记录的与已识别或者可识别的自然人有关的各种信息……"。细观之下可以发现，《个人信息保护法》对"个人信息"的界定非常抽象，相当于"个人信息是……的各种信息"，无法达到界定概念、

---

〔1〕 隋旭东、管延放：《基于大数据的消费者信息安全权保护研究》，电子科技大学出版社2017年版，第120页。

〔2〕 ［英］雷蒙德·瓦克斯：《隐私》，谭宇生译，译林出版社2020年版，第98页。

〔3〕 齐爱民："个人信息保护法研究"，载《河北法学》2008年第4期。

明确定义的目的。《解释》将刑法中的"公民个人信息"定义为，"以一定载体记载的，能单独或与其他信息结合识别特定自然人身份的各类信息"。《民法典》第 1034 条第 2 款则规定："个人信息是以电子或者其他方式记录的能够单独或者与其他信息结合识别特定自然人的各种信息，包括自然人的姓名、出生日期、身份证件号码、生物识别信息、住址、电话号码、电子邮箱、健康信息、行踪信息等。"由于界定个人信息范围的界限尚未清晰，深入分析其中的概念构成便会出现新的争议。通说认为，个人信息需要具备"可识别性"，[1]那么个人信息会分成"能够单独识别特定身份"和"与其他信息结合识别特定身份"两种信息。其中"与其他信息结合识别特定身份"中的"其他信息"的概念非常模糊，"其他信息"需不需要符合个人信息的相关条件以及划分的标准的条件没有明晰，且依据现在的互联网技术将非个人信息的其他信息转为个人信息进行识别并非难事。因此，明确个人信息概念成为当下个人信息保护机制研究的焦点。

（二）个人信息保护体系有待进一步健全

网络时代我国涉及个人信息保护的规定分散在百余部法律法规、规章中。其中既包括专门性的《个人信息保护法》，还包括《民法典》部分条款，以及其他层级较低的规章文件，保护的体系性不足，且对公民的个人信息保护没有形成统一的标准，[2]缺乏对信息控制者或信息服务提供商具体详细的行为规范，从而形成整体的制度设计。不同层级的规定之间缺乏相互的支撑与联系，不同领域的个人信息保护法律关系相互交叉，造成一定混淆的局面。法律体系的不完善、不健全致使司法机关在个人信息界定和保护的范围、标准上存在不同意见，导致司法认识不统一。我国个人信息立法保护的缺陷在于保护的法益（个人信息权益）的范围不明确、内容不完整，各主体权利义务关系不完善，法律责任、惩戒机制不够到位等问

---

〔1〕 美国国家标准与技术研究所特刊对"个人信息"核心特征的描述就是"可识别性"。See U. S. Department of Technology, Guide to Protecting the Confidentiality of Personally IdentifiableInformation（PII）National Institute of Standards and Technology Special Publication 800-122.

〔2〕 刘雅琦：《大数据环境下基于个体识别风险的个人信息利用研究》，武汉大学出版社 2021 年版，第 50 页。

题。[1]许多跨国的信息犯罪集团就是瞄准了我国的个人信息保护立法的缺陷，利用个人信息保护执法方面的漏洞，在我国进行信息违法犯罪活动。这类行为还会衍生出电信诈骗、网络诈骗、隐私敲诈等一系列违法犯罪活动。

侵犯公民个人信息罪在刑法学界存在较大争议，其前置性法律是刑法条文中的"违反有关规定"。但无论是刑法条文本身还是司法解释中并没有对"规定"的性质、范围和依据作出详细规定，这一空白罪状引起了司法实践中的一些争议。各级法院、检察院对此处的"规定"依据意见不一，极易导致同案不同判的不良后果。如果缺少了前置性法律的规定，刑法保护不够全面的弊端将会越来越大。多数学者认为，侵犯公民个人信息的行政违法性是其刑事违法性的前提，[2]"规定"多为行政法律法规。而比较其他国家和地区刑法中涉及个人信息保护的罪名发现，刑法条文中规定的前置性法律多为专门的个人信息保护法，如欧盟国家的数据保护法，日本的个人信息保护法等。我国《个人信息保护法》已经成为我国刑法的强有力的前置性法律，这有利于司法实践中对侵犯公民个人信息罪的认定，对网络个人信息犯罪具有威慑力。

（三）民事和行政救济环节较为薄弱

在互联网时代的大数据运作下，基于个案裁决的途径不能建立完备的个人信息保护机制，[3]这也与我国个人信息受侵害的"违法成本低、维权成本高"有一定关系。[4]当前个人信息保护救济机制呈现出"重追责轻管理""刑先民（行）后""重刑轻民（行）"的特点。其一，在个人信息保护方面重视责任尤其是刑事责任的追究，而轻视个人信息以及大数据产

---

〔1〕　王秀哲："大数据时代个人信息法律保护制度之重构"，载《法学论坛》2018 年第 6 期。

〔2〕　刘宪权、方晋晔："个人信息权刑法保护的立法及完善"，载《华东政法大学学报》2009 年第 3 期。

〔3〕　张建文、高完成："司法实践中个人信息的保护模式及其反思——以隐私权的转型为视角"，载《重庆邮电大学学报（社会科学版）》2016 年第 3 期。

〔4〕　杨绪宾、刘洋编著：《大数据真相：谁动了我的数据?》，华南理工大学出版社 2018 年版，第 123 页。

业的综合管理;其二,越过前置民事法律和行政法律法规的规制管理以及调解程序,刑罚成了直接制裁个人信息侵权行为的手段;其三,个人信息保护的民事和行政救济环节十分薄弱。当前的治理模式不利于互联网时代的个人信息保护以及大数据产业稳健发展。

如上所述,我国个人信息保护救济机制呈现"重追责轻管理"的特点,加上现今个人信息保护的法律法规多为禁止性规范而没有系统化的保护制度设计,行政执法部门在个人信息的采集、处理利用的保护和管理规则上没有统一的指导和相应的保障措施,极易导致个人信息保护领域的执法缺位或执法越位。行政法中对于公民个人信息受到侵害时的行政救济途径也没有明确规定,当公民的个人信息遭受公权力的侵害时,由于行政机关的建制不完备、办事效率低下等原因,受害者很难通过投诉等比较方便的方式获得救济。此外,当前我国个人信息保护重视刑事处罚、行政处罚以追究刑事责任、行政责任,但民事法律保护的责任方面尚缺乏独立的责任体系。关于个人信息的侵权责任主体的认定问题、侵权责任的归责原则问题、侵权责任的承担方式的问题模糊不清,民事公益诉讼机制缺乏。[1]公民的个人信息遭到侵害时,侵权者的民事责任承担很难确定。以上种种都体现了我国个人信息保护的外部执法机制和内部管理机制的严重不足,造成责任追究规定和保护行为规范之间衔接障碍,势必导致公民的个人信息受到侵害时救济途径的狭窄。

三、域外个人信息保护的法律模式及借鉴

(一) 美国的分散法律保护模式

美国的分散法律保护模式是指在隐私权法律基础上,针对特定行业或领域的个人信息保护问题制定单行法。美国 1974 年《隐私权法案》可以说是一部专门的个人隐私保护法,为其他特定行业或领域的隐私保护立法提供了基本原则和方针,其他领域的单独立法包括《公平信用报告》《录

---

〔1〕 参见黄春林:《网络与数据法律实务——法律适用及合规落地》,人民法院出版社 2019 年版,第 116-118 页。

像带隐私保护法》《金融服务现代法》等。20 世纪 60 年代，威斯汀
（Westin）提出将个人信息权视为财产权，[1]亨金（Henkin）却认为隐私
权是一种人格权，是个人自治权的一部分，[2]同时米勒（Miller）也认为
最有效的保护途径是将个人信息认定为财产权。[3]当代学者丹尼尔
（D. J. Solove）和保罗（Paul M.）指出，个人信息权是一种同时涵盖财产
权和人格权的框架性权利。[4]互联网时代，美国隐私权的界定范畴和保护
范围较传统意义上有所扩张。2012 年美国拟推出《消费者隐私权利法案》
保护消费者的信息权利，但未获得美国国会的通过。2018 年至今，美国致
力于制定一项关于保护网络用户个人隐私的法案，内容包括互联网公司收
集和处理消费者个人信息的一般原则等。美国的个人信息保护模式特色在
于各行业信息控制和处理者以及信息服务商的行业自律机制。在政府的引
导下，由企业协会或公司制定约束本行业内部的行为规则和规章制度。在
《隐私权法案》的基础上，美国制定了行业自律规定，推动企业建立保护
个人隐私的规章制度，在市场导向下促进电子商务的动态发展。这种灵活
性与前瞻性极强的行业自律模式，避免了美国立法繁杂可能导致的滞后性
风险，及时有效地发挥了政府的引导作用，同时推动了企业自觉保护的积
极性。但由于企业有权自主选择是否加入行业组织并遵守行业自律规范，
这种行业自律的管理制度规范并不具备法律上的强制性，不能作为司法裁
判和寻求侵权救济的依据，因此现实中这种自律模式的效果没有那么显
著，美国学者保罗也指出完全的行业自律机制不能对个人信息的处理利用
形成有效的规制约束。[5]

　　虽然美国的分散法律保护模式没有建立统一的个人信息保护法，但是

〔1〕　Alan F. Westin, *Privacy and Freedom*. Michigan Law Review, 1968. p. 7.

〔2〕　Henkin L. , *Privacy and Autonomy*. Columbia Law Review, 1974（74）, p. 1425.

〔3〕　Miller A. R. , *The Assault On Privacy: Computers, Data Banks, And Dossiers*. American Archivist, 1971, p. 25.

〔4〕　P. Schwartz, D. J. Solove, *Reconciling Personal Information in the United States and European Union*. California Law Review, 2014（102）, p. 877.

〔5〕　Paul M. Schwartz, *The EU-U. S. Privacy Collision: A Turn to Institutions and Procedures*. Harvard Law Review, 2013, p. 1979.

其拥有严厉的个人信息保护执法机制，[1]保护个人信息的力度非常大。美国的个人信息外部执法威慑机制具有督促信息控制和处理者履行法定个人信息保护义务的职责，具有制裁违法侵害个人信息权利行为的权力，从而形成了有效的约束机制。一般领域中有美国联邦贸易委员会、州检察长、国会的管理以及媒体、社会舆论的监督；在未成年人个人信息、电子通信信息、金融信息、征信信息、医疗信息等特殊行业领域，美国联邦也有专门立法并设立相应的执法机制。

（二）欧盟的统一立法保护模式

自互联网开始发展时，欧盟便开启了探寻网络个人信息保护之路。1995年欧盟《个人数据保护指令》（以下简称《指令》）中对个人信息保护的原则性规定，成为各个成员国分别立法的指导。《指令》强调个人信息权利是有关个人自由与个人隐私的基本人权。2002年至2006年，欧盟还出台了《电子数据保护的指令》《数据留存的指令》等一系列指令以协调欧盟各成员国之间的信息交流利用问题。2016年4月，欧盟通过了《通用数据保护条例》以及第一部网络安全法。欧盟学者海伦娜（Helena Ursic）和巴特（Bart Custers）认为欧盟国家不重视大数据发展而阻碍了科技的创新进步，美国则过于重视发展而忽略了个人隐私保护。[2]迈耶（Viktor Mayer-Schnberger）和帕多瓦（Yann Padova）将《指令》与《通用数据保护条例》进行比较，指出《通用数据保护条例》取代了传统数据保护核心机制，制定了更适应大数据环境的监督管理措施，标准更加严格化和规模化，更强调欧盟各成员国之间的信息交流互通和互惠。[3]《通用数据保护条例》对新兴的被遗忘权也作出了正式的规定，公民可以要求信息控制者删除其在网络平台上的个人信息数据。《通用数据保护条例》还规定了信

---

〔1〕 周汉华："探索激励相容的个人数据治理之道——中国个人信息保护法的立法方向"，载《法学研究》2018年第2期。

〔2〕 Helena Ursic, Bart Custer, *Legal Barriers and Enablers to Big Data Reuse: A Critical Assessment of the Challenges for the EU Law*, Social Science Electronic Publishing, 2016, p. 209.

〔3〕 Viktor Mayer-Schnberger, Yann Padova. *Regime Change? Enabling Big Data through Europe's New Data Protection Regulation*, California Law Review, 2016（17），p. 335.

息收集者收集数据的程序规则，并强化信息控制者内部治理机制。

欧盟各国以《指令》和《通用数据保护条例》为一般原则和指导方针，在本国制定相应的个人信息保护法，并在各领域都进行了相应的立法。以德国这一典型欧盟国家为例，《德国联邦个人数据保护法》对涉及个人信息收集和处理利用的程序进行了相应规范，对侵害个人信息权益的违法行为予以规制。德国联邦宪法将个人信息权利作为公民的法定基本权利，规定公民享有个人信息自决权。德国在刑法中涉及了对公民个人生活隐私进行保护的罪名有侵害探知数据罪、侵害个人秘密罪等，涉及领域从私人的信件、言论信息到网络电子信息数据。可见德国以国家强制力较全面地保护公民的个人数据权益不受侵害。欧盟还设立了专门的个人数据监督管理机构对个人信息的采集、流通及利用进行严格的监控管理，要求各成员国成立相应的监督管理机构。例如，英国设立了专门的信息委员会以保障个人数据保护法的实施执行，对触犯《英国数据保护法》的个人或企业进行追责；德国在个人信息保护方面，不仅要求政府和企业设立数据保护专员，还积极发展专门的社会组织（如"数据保护和数据安全协会"等[1]），负责协助其他个人数据保护机构进行工作，解决个人数据保护领域的纠纷问题，对相关机构以及事业单位进行监督，对违反个人数据保护法律者有责令限期改正并备案登记的权力，还可向联邦政府提交完善个人数据保护的建议书。

（三）日本的体系性法律保护模式

日本在个人信息保护立法方面，借鉴了欧美等国的立法经验。"基本法部分是采用的欧洲'集锦式'管理，而一般法的部分又具备美国'分治式'管理的特征"，[2]从而形成了自身独特的体系性法律保护模式，即日本既制定了个人信息保护法作为一部基本法律，又针对特定行业和领域制定专门的个人信息保护单行法律。2017年《日本个人信息保护法》详细规定了对个人信息权的保护，确定了个人信息保护的一般原则和指导方针，

---

〔1〕 张效羽："德国如何保护个人数据"，载《学习时报》2019年5月3日，第A2版。
〔2〕 刘齐文主编：《中日语言文化比较研究》，东北师范大学出版社2017年版，第187页。

保障了公民享有知情权、信息修改权，明晰了政府和地方公共团体各方应承担的义务与职责。但该法在执行保障方面略显不足，并对日本的数据开放造成了阻碍。〔1〕此外，《日本刑法典》中设置了关于侵害个人信息的罪名。如果相关机构或个人违反个人信息保护法的相关规定，抑或违抗个人信息保护委员会的指令，将可能受到长达一年的有期徒刑刑罚或高达50万日元的罚金处罚。日本还制定了计算机领域的相关法律，主要针对网络方面的违法犯罪问题，加强了对窃取计算机信息的惩罚。〔2〕在个人信息保护的行政监管方面，日本为了节约后续行政执法和管理的成本和支出，未设个人信息保护的专门监督管理机构。政府各省主务大臣负责在特殊领域行业中实施该法，并由责任省厅在其发布的指导基础上进行执法。2017年，《日本个人信息保护法》将各省主务大臣对个人信息保护的监督权转移到新组建的日本众议院个人信息委员会中，〔3〕从而确立了个人信息保护的集中监督管理体制。《日本个人信息保护法》中还引入民间性的纠纷解决机制，如民间的个人信息数据保护团体。在行政法层面，日本主张建立事后救济体系，设置了相应的救助机构，协助信息受侵害的民众维护自身权利。日本在行业规范上也学习美国建立行业自律规范，在个人信息委员会制度中加入民间行业自律的内容，要求相关企业构建自律规范，施行实操性强的个人信息安全技术运作流程和个人信息安全管理规章制度，在社会各主体有效利用个人信息与充分保护公民个人信息中寻找平衡。

（四）对我国的借鉴意义

在对个人信息的保护机制方面，欧盟走在了各国个人信息保护机制的前列，美国开始学习欧盟出台了力求全面保护网络用户个人信息权益的相关法案。许多国内学者对欧美两种典型的保护机制模式持"扬美抑欧"的观点，认为欧盟的统一立法保护模式过于保守，不利于科技创新发展，这一观点实为没有对这两种立法保护模式进行实际考察和研究其内在共性而

〔1〕 参见王忠、王晓华：《城市治理之大数据应用》，海洋出版社2017年版，第157页。
〔2〕 ［日］西田典之：《日本刑法各论》，刘明祥、王昭武译，中国人民大学出版社2007年版。
〔3〕 参见张衡：《大数据时代个人信息安全规制研究》，上海社会科学院出版社2020年版，第178页；刘齐文主编：《中日语言文化比较研究》，东北师范大学出版社2017年版，第185-186页。

形成整体、客观的综合研究分析。如果比较研究的深度和广度不够，我们便难以从中吸取有实际意义的立法经验。"扬美抑欧"派中甚至有观点认为，像美国没有统一立法也能在个人信息保护领域取得良好的有效成果，就没有必要学习欧盟建立专门统一的个人信息保护法。这种急于求成的观点没有考虑到的是，美国外部执法威慑机制的执行力度、域外管辖力度[1]以及社会各界的监督广度是我国目前很难达到的。

在两相比较以及结合我国具体实际情况下，欧盟和日本的集中而全面的立法模式相较于美国的分散式立法模式更值得我们参考和借鉴，同时我们也要学习美国的行业自律机制。从域外个人信息保护的法律模式中得出以下可供借鉴的保护路径：（1）我国应将国外立法模式的经验同我国具体国情结合起来，完善各部门法的规定，进一步健全个人信息保护法律体系。（2）我国应加大个人信息的保护力度，改革传统救济方式的同时拓宽其他救济途径。[2]（3）设置有力的外部执法威慑机制，加强政府相关部门的管理以及引导，必要时设立专门的第三方监督管理机构。（4）加强对信息控制主体的治理，引导民间设立灵活的行业自律模式，以促进信息保护与数据流通之间的平衡发展。

四、构建互联网时代个人信息保护机制

（一）健全个人信息保护法治体系

为了进一步健全互联网时代个人信息保护机制，完善法律体系显得至关重要，健全个人信息保护法治体系已迫在眉睫。个人信息保护法治体系可以将各个领域内的解决路径关联起来。个人信息保护法治体系还需要具有普遍适用性和强制性，以便于给其他领域或者行业的立法提供个人信息保护的一般原则和特殊规则。面对互联网时代大数据技术发展迅猛的情

---

〔1〕 参见宋晓："域外管辖的体系构造：立法管辖与司法管辖之界分"，载《法学研究》2021年第3期。

〔2〕 目前在拓宽个人信息保护渠道方面，"民事公益诉讼"成为主流趋势。参见张陈果："个人信息保护民事公益诉讼的程序逻辑与规范解释——兼论个人信息保护的'消费者化'"，载《国家检察官学院学报》2021年第6期。

势，我们要转变理念，从原有的较为落后的个人信息法律框架中跳出，结合互联网时代特点制定适应大数据发展的个人信息保护法治体系。例如，在互联网时代，网络用户数据账号以及经过实名验证的具有支付功能的账号信息具有较强的身份属性，也属于个人信息概念的范畴，应成为网络领域个人信息保护的重点。

鉴于一些特殊信息主体的弱势地位，还应该在个人信息保护法治体系中予以重点保护。其一，互联网时代未成年人网络社交活动频繁，而他们对于个人信息的保护意识和个人信息遭泄露的警惕性低于一般成年人，加上青少年多用手机端上网，且手机上储存的照片等敏感个人信息传播便捷，因此更容易被不法分子利用。报告显示，面对个人信息泄露造成网络暴力的未成年人往往不敢和父母与老师沟通，严重危害到未成年人的身心健康发展。应该对未成年人的个人信息进行特殊保护，并规定监护人对未成年人上传个人信息享有更正权。其二，热门社会事件的当事人个人信息经常被网友"人肉搜索"，[1]尤其是受害人的个人信息会被放大并可能会受到网络暴力的二次侵害，因此对于受害人的敏感个人信息应该严格保密。在互联网媒体和平台等特殊行业，应该完善热门社会事件中当事人个人信息保护的规定。进一步厘清刑法与各前置法律之间的交叉和衔接。关于我国个人信息的刑法和行政法保护机制之间的联系和衔接，应明确行政法律规范中相关概念的界定和划分，把握好个人信息刑法保护的"度"，从而达到行政法规范机制与刑法惩罚机制的配合及衔接。[2]

（二）进一步加强政府监督管理

除了在法律层面对个人信息进行保护，还需要加强政府对个人信息利用与处理的监管。"一些国家通过政府主导的方式对个人信息保护进行强力监管。如英、法、德等欧盟国家普遍采取注册登记制、审核批准制等多

----

〔1〕 人肉搜索一般是通过虚拟数据和现实数据的匹配合成个人画像的行为。网民凭借局部信息的匹配，对数据进行二次挖掘，进而形成个人真实画像。参见李伦：《国家治理与网络伦理》，湖南大学出版社 2018 年版，第 23 页。

〔2〕 江耀炜："网络金融犯罪被害情境预防的机理"，载周赟主编：《厦门大学法律评论（第 31 辑）》，厦门大学出版社 2019 年版，第 215 页。

种措施。"[1]对此，我国也应该构建并完善个人信息保护行政执法体系，对信息违法犯罪分子进行严厉打击。同时提升个人信息保护执法部门工作人员的信息技术水平，提高政府在个人信息保护方面的监督能力和管理水平，明确信息控制和处理者与信息服务者的保护义务和责任。在设计监督管理结构时，应该充分认识、了解执法目的、基本原则以及实施流程，同时与违法的信息控制和处理者进行协商，鼓励他们进行改进，而不是直接行政处罚了事。这样不仅能有效地集中监督管理部门的执法力量，较快速地实现执法目的，节约个人信息保护的执法成本，而且还能激发相关从业者对信息保护不断改进的积极性，形成健康良性的互联网个人信息治理格局，推动信息产业的可持续性发展。必要时设立专门的第三方监督管理机构，一方面，可以以国家互联网信息办公室为平台构建专门的监督管理机构，并联合工商管理部门、公安执法部门以及企业，进行个人信息保护的监管和执法。另一方面，专门的监督机构可以引进相关专业领域有经验的高新信息技术人员，培养法律和互联网信息处理技术的双料人才，结合个人信息保护法律和大数据信息技术，对监管方面出现的问题进行研究分析，提高个人信息保护监督管理的技术含量，寻求高效安全的信息风险化解路径，"充分运用互联网、大数据、云计算等技术手段重点加强风险高发行业、领域、企业及个人信息风险防控"。[2]这样有利于国家把握网络治理主动权，打造安全可靠的数据生态环境，构建安全开放的网络空间。

（三）提升对信息控制和处理者的治理能力

互联网时代网络平台中的个人信息有着便捷的电子记录方式，转移和传输十分简单。这使得个人信息主体极易丧失对个人信息的控制，并且在造成严重的危害后果之前很难发现侵害行为，不能及时维权。个人信息还

---

[1] 孙宝云、漆大鹏主编：《网络安全治理教程》，国家行政管理出版社2020年版，第165页。
[2] 段庆林、杨巧红主编：《2017宁夏经济蓝皮书》，宁夏人民出版社2016年版，第118页。

具有"易获取、透明化、广泛化、碎片化"等特点，[1]普通主体对自己的单个或者部分个人数据并没有保护意识，但只要收集信息者别有用心，就能够轻易联系到特定主体，不仅个人隐私可能会遭到侵犯，还可能遭受不必要的财产损失。上述只是针对单个个体而言，如果信息控制和处理者运用大数据技术无序地收集互联网用户个人信息，那么每一个网络参与者的个人信息安全都将无法保证。现实生活中 App 软件过度读取用户信息引发的问题层出不穷，[2]而如今相关法律法规对大数据个人信息的收集处理和利用的程序、侵犯个人信息行为中互联网服务提供商及信息控制和处理者的责任等方面都没有详细规定。个人信息收集、利用和处理的程序应符合国家和法律的规定，并且不违背如公序良俗、诚实守信、合理性、合目的性等一般的法律原则。

在对信息控制和处理者的治理方面，应该注意把握个人信息的周全保护与信息产业和资源利益的健康发展之间的动态平衡。一方面不能对个人信息过度盲目保护，应鼓励信息业者积极提升服务水平，使个人信息数据充分发挥交流共享的价值，利用信息技术发展大数据产业。只有保障个人信息的正常健康流动才能推动网络大数据经济发展和现代社会的进步以及提高信息业国际竞争力，因此需要鼓励信息业者带动信息充分共享，实现个人信息的合法利用。另一方面要完善个人信息保护法律规定，制定对互联网平台信息控制和处理者的行业自律公约，健全相关行业协会的监管职能，对违反公约者处以相应惩戒措施，必要时对严重违反者处以行业禁入的惩罚。行业自律公约作为一种行业内部机制可以与相关法律法规的外部强制机制形成一种良性互动。[3]信息行业可以参照个人信息保护法的一般原则和精神，结合自身的行业特点和实操经验制定出更贴合行业实际的自

---

〔1〕 国务院发展研究中心课题组：《"互联网+"的支撑环境研究》，中国发展出版社 2017 年版，第 103 页。

〔2〕 具体案例参见叶秀敏：《我国电子商务市场竞争分析》，中国财富出版社 2019 年版，第 148 页。

〔3〕 张新宝："我国个人信息保护法立法主要矛盾研讨"，载《吉林大学社会科学学报》2018 年第 5 期。

律准则。信息行业还可以引入相应的隐私风险动态评估机制，利用第三方机构对个人隐私风险的测评，提升信息行业内部对个人信息保护的安全意识。

（四）完善个人信息的救济途径

我国当前应进一步完善个人信息的救济途径，使公民具有有效的救济途径去维护自己的个人信息权益。在行政救济领域，应确定行政责任主体包括侵害公民个人信息权益的行政机关以及由行政机关委托授权的行政机关、事业单位等。在行政赔偿责任方面，《国家赔偿法》《政府信息公开条例》等法律法规应将行政机关侵犯公民个人信息的行为纳入赔偿范围。[1]探讨客观过错归责原则的适用，行政相对人只需证明行政机关在个人信息保护方面应尽合理的义务而没有尽到的客观事实，减轻行政相对人的负担，保障行政相对人个人信息权益遭受侵害后的行政救济的落实。

在民事救济领域，确认民事责任主体应包括自然人、法人和其他组织，责任承担方式可以规定停止侵害、消除危险、赔礼道歉等民事责任；在明确个人信息侵权的责任原则上争议较大，可以参考借鉴外国民事法律责任的经验立法，对于个人信息遭到侵害的民事救济应放眼全局，依据个人信息自身的属性和网络侵权行为的特性，个人信息民事立法可以从侵权主体和与其相对应的不同责任形式切入，确立过错责任、过错推定责任与无过错责任相结合的多元归责原则。[2]同时，当公民的个人信息遭到大规模或程度极其严重的侵犯，以致公共利益的重大损害和社会影响恶劣时，检察机关和其他有权提起民事公益诉讼的主体可以对侵害公民个人信息的行为提起公益诉讼，以补充和完善个人信息保护的救济途径。

（五）建立完备的民事公益诉讼机制

个人信息被誉为21世纪最富有价值的资源。然而，在信息商业化过程中，"个人信息保护难"已成为不争的事实。而《网络安全法》之"网络

---

〔1〕李勤印编著：《汉官风范》，首都师范大学出版社2019年版，第207页。
〔2〕刁胜先："个人信息网络侵权归责原则的比较研究——兼评我国侵权法相关规定"，载《河北法学》2011年第6期。

服务者安全保障义务"和《民法典》之"合法获取个人信息"等规范性保护措施，虽然保护力度持续加大，但保护效果有待进一步提升。究其原因，我国法律体系对个人信息保护的法律机制存在网络经济与社会治理之间的错位，[1]保护主体、信息保护意愿与法律保护机制之间的立法适恰性存在明显差距。因此，在现行法律体系下，如何推进个人信息的公益诉讼模式，实现个人信息的整体保护与社会化损害赔偿，提升个人信息保护的实际效果，便具有重大的理论意义和现实意义。尤其是随着数据时代的到来，个人信息的安全保护愈加重要，但现实却面临着违法成本低与维权成本高的困境。为此，检察机关目前正在积极探索个人信息保护的公益诉讼模式。[2]

近年来，"个人信息"和"民事公益诉讼"问题愈加得到国内学者的关注。除发表的文章数量不断增长之外，著作数量也较为可观。但综合性的研究成果很少，故学术梳理主要围绕"个人信息的法律保护"与"民事公益诉讼"相结合视角（细化为四个问题）展开。具体归结为以下四个方面：（1）个人信息认定与信息控制者义务的界分难题。[3]虽然现行法对个人信息有定义，但是个人信息如何具体认定、个人信息和个人隐私如何区分、如何进行分类从而给予不同的保护（如区分为敏感信息和非敏感信息），仍是需要明确的问题。在《网络安全法》实施之后，信息控制者究竟负有何种义务（可能包括信息收集时的告知义务、信息泄露时的通知义务、个人信息影响评价义务、信息安全的保护义务等），这些义务能否阻却侵犯个人信息的事实？仍有待从个案和类案视角分别探讨。（2）个人信

---

〔1〕 孙江主编：《传媒法与法治新闻研究（2017年卷）》，中国政法大学出版社2018年版，第134页。

〔2〕 参见涂富秀："消费民事公益诉讼中检察机关支持起诉的现实与未来——基于29起案件的实证分析"，载《南大法学》2022年第4期；高志华、李帅："劳务人员个人信息保护刑事附带民事公益诉讼办案思考"，载《中国检察官》2022年第14期；龚赟燕、胡宇翔、沈碧溪："公民个人信息民事公益诉讼办案要点与思考"，载《中国检察官》2022年第12期；陈奇伟、聂琳峰："个人信息公益诉讼：生成机理、适用困境与路径优化——基于203份裁判文书的实证分析"，载《南昌大学学报（人文社会科学版）》2022年第3期。

〔3〕 参见王永全、廖根为主编：《网络空间安全法律法规解读》，西安电子科技大学出版社2018年版，第233页；罗力：《新兴信息技术背景下我国个人信息安全保护体系研究》，上海社会科学院出版社2020年版，第11页。

息保护的现实定位与法律定位相冲突问题。个人信息侵害的突出特点是大规模、小微侵害。单个受害主体没有诉讼动力，集体维权又面临着我国集体纠纷解决机制不足的问题。由此在公共安全的需求下，《民法典》《刑法》《网络安全法》《消费者权益保护法》等法律对个人信息的个体性保护，存在自我救济乏力与公力救济不足问题。随着人们对自我信息保护需求的进一步提升，国家需要解决个人信息保护的现实定位与法律定位的冲突。（3）个人信息保护视角下惩罚机制与赔偿机制的断裂问题。有学者认为，"当前我国的权利救济体系尚未搭建起来，更多地是以侵害隐私权和名誉权为由请求侵权损害赔偿，缺乏单独以公民个人信息权受侵害为由主张侵权损害赔偿的机制"。[1]但在互联网时代，个案民事赔偿无法解决网络平台侵权的"规模性事实"；行政处罚与刑事处罚又忽视了实质受损害者及其民事权益问题。为此，有学者强调，个人信息保护的惩罚与赔偿应遵循公众参与性、权益衡平性以及普遍救济原则。（4）个人信息保护的行政监管与诉讼模式存在漏洞和盲区问题。目前，我国由公安、工商、网信、电信等部门对公民个人信息实行多头监管，容易造成监管漏洞和盲区，难以形成执法合力。而以民事侵权（含以网络平台为主体的侵权之诉）、刑事公诉为主的诉讼模式，被学者们视为"末端治理而非源头治理"的保护机制。当出现某一网络平台通过"技术手段+用户授权"方式收集公民信息时，个人信息保护不仅需要加强行政监管，还要从"个案民事救济""刑事公诉"转向"公益诉讼救济模式"，从而有效地扩展个人信息的公益救济机制。

在国外，关于个人数据保护法的研究成果总是与立法、判例过程中涉及侵犯个人信息、个人隐私有关。基于此，国外相关研究成果可以归结为以下三个方面：（1）信息隐私权保护及其私益诉讼问题。美国法学界通过对隐私权理论的改造提出了"信息隐私权"的概念，[2]以此对人们的个人

---

〔1〕 陈兵：《自由与秩序——互联网经济法治精神》，知识产权出版社 2020 年版，第 132 页。

〔2〕 See Paul De Hert, Vagelis PapakonstantinouThree In Governance of Data Privacy Towards an International Data Privacy Organization Preferably aUN Agency? Journal of Lawand Policy for the Information Society, 2014, p. 271.

信息提供保护。首先，隐私权被认为是个人在私人事务上避开社会的权利，其包括个人使用和更正其私人数据的权利。在此意义上，个人信息仅属于公民个人的诉权范畴。同时，消极主张隐私权也延展到具有积极意义的"个人数据自决权"，[1]进而在数据合法使用与数据非法使用之间确定了理论界限。（2）个人信息保护的公益性转向问题。公益诉讼的定位很大程度上依赖于一个国家在法律形成过程中关于立法和司法的作用的思考和行为模式。面对网络个人数据侵权的不断加剧，传统司法应当基于公共利益变化而施加有效措施。基于此，公共信托理论强调三个基本原则，即私权让步于公益、特殊私权的公共性保护、代偿私权的公益性分配。[2]（3）数据保护与公益诉讼的达成问题。公益诉讼并非只有一个原告存在利害关系，而是以多数人的共同利害关系为背景。而且，"开展公益诉讼（特别是行政公益诉讼），不但会成为检察业务新的增长点，而且还可能会成为人民检察院转型的关键"。[3]没有这个前提，"公益诉讼"也就无从谈起。但"数据有效性保护理论"则认为，互联网数据天生具有被侵犯的可能性，因此实质有效地保护数据应当成为法律的基本目标。英美等国学者受该理论的影响，提出公益诉讼的目的并不仅仅强调公共权益的实现，同时更是借助于"增进社会化权益"这一特殊程序机制，来达成保障公益的目的。

上述观点虽有推进，但仍有不足之处。例如，对个人信息向社会公共权益转变的实证研究不足，更加忽视了互联网时代个人信息侵权的特征；对个人信息保护的社会利益转向后的法律救济机制缺乏制度性思考；对个体利益的关切有余（但成效乏力），对社会公共安全的法治关切不足。为此，在我国大力推进互联网建设，且已出台个人信息保护专门性法律的情况下，个人信息保护的民事公益诉讼就必须发展出更加具体的、符合互联

---

〔1〕 参见汪靖：《不被洞察的权利：互联网精准广告与消费者隐私保护研究》，复旦大学出版社2016年版，第167页。

〔2〕 参见谢伟：《环境公益诉权研究》，中国政法大学出版社2016年版，第168页。

〔3〕 程雪阳："行政公益诉讼与人民检察院的转型"，载《南方周末》2017年6月29日，第20版。

网时代个人信息侵权特征的、创新性的法律措施与制度设计。虽然我国
《个人信息保护法》提出了建立个人信息保护的民事公益诉讼机制的抽象
规定，但在实践中仍是模仿环境公益诉讼模式，来搭建个人信息保护的民
事公益诉讼程序。其不足之处在于，无法像环境公益诉讼一样发展出特殊
的惩戒机制。为此，我国在个人信息的保护上，应当建立超个人主义的扩
散式保护模式，"特别是借鉴域外国家和地区的团体诉讼制度，赋予特定
团体对抽象不公平格式合同条款的起诉权"，[1]逐步完善个人信息保护的
公益诉讼制度。

　　个人信息的公益诉讼保护机制，是一个兼具社会治理、公权力干预和
市场调整的复杂工程。基于维护社会公众合法权益以及预防个人信息泄露
风险的需要，在个人信息的社会化保护上必须采取"个人私力保护+社会
公共保护"的双重交叉保护机制，形成"公益律师+社会组织+检察机关"
多元、三层次的公益保护模式。其优势是能够强化社会组织参与社会公共
事务的深入和强度，提升行政监管不力情况下的个体保护力度、社会组织
参与度以及检察机关的监督职能。通常认为，公益诉讼是检察机关的法定
重要职责。现今社会个人信息受侵害现象频发，而个人信息保护领域并不
在行政公益诉讼的受案范围内，检察机关应该在个人信息保护领域有所担
当。由于"行为人利用互联网侵害公众信息权，这类行为可能不会对个人
造成严重的损害，但是往往会减损互联网安全和不特定多数人对网络的信
任，任其发展将会扰乱市场秩序，理应划入检察机关基于保护公共利益提
起民事公益诉讼的范畴"。[2]浙江省检察机关就尝试对侵犯公民个人信息
的公害行为提起行政公益诉讼，试图通过相关司法改革，对在个人信息保
护方面行政机关的违法失职行为提出检察建议，敦促其履行相关法定职
责，否则可以向人民法院提起行政诉讼。

　　除此之外，依据个人信息的侵权规律，我国在个人信息的公益保护层

---

　　[1]　刘学在：《民事公益诉讼制度研究——以团体诉讼制度的构建为中心》，中国政法大学
出版社2015年版，第11页。
　　[2]　赵吟："检察民事公益诉讼的功能定位及实现路径"，载《法治研究》2019年第5期。

面，应当通过"私力救济+公益诉讼"的方式，发挥社会组织与检察机关的公益诉讼优势、诉讼效果普适性优势，弥补私力救济过程中的证据短缺与诉讼成本过高难题。此外，还应当采用检察建议、社会组织协调等诉前工具，削减个人信息保护之公益诉讼对网络平台带来的负面效益。我国对个人信息的公益诉讼保护，旨在应对私力救济失灵或行政监管乏力引发的信息秩序混乱问题。因此，在个人信息的公益诉讼过程中，我国应当率先明确个人信息的公益诉讼类型，[1]即确认型公益诉讼、惩罚型公益诉讼与补偿型公益诉讼。而诉权启动机制则依赖于合理怀疑原则，而无须提供实质性侵权证据（无法探寻到个人信息侵权）。此外，应当加强诉讼中的"举证责任倒置"，[2]强化网络平台的安全注意义务。个人信息的公益诉讼机制应当同其他类型的纠纷解决机制相对接，以提升公益救济的效率。最后，我国应当规制社会组织和检察机关的诉权滥用行为，在一定程度上给予网络平台合理的使用标准与信息开发保护。

综上所述，在互联网时代，网络造福于人类社会的可能限度愈加展现为它的侵权救济效果。因此，国家对个人信息的保护，应当以公共利益作为出发点，集中反映国家对公共利益的保护与负责，也是对某些科技优势的限制与规范。我们拥有一个更加包容开放的互联网时代，对个人信息的良性处理和利用使我们在生活中享受着大数据处理带来的便利，但这也同时意味着我们的个人信息暴露在被不断收集、处理、使用而遭受侵害的危险之中，完善互联网时代个人信息保护机制成为个人信息保护领域的当务之急。目前关于个人信息保护机制救济的规定尚不完善，可供个人信息侵权受害者选择的救济途径十分少。从美国的分散法律保护模式、欧盟的统一立法保护模式以及日本的体系性法律保护模式来看，欧盟和日本集中而全面的立法模式相较美国的分散式更值得我们参考。

针对我国互联网个人信息保护的现状，我国个人信息保护法治体系建

---

〔1〕 在实践中，由检察机关提起个人信息民事公益诉讼的类型，主要为刑事附带民事公益诉讼，诉讼请求包括公开赔礼道歉、赔偿损失、消除危险等。参见徐缦、张萌萌："消费者个人信息保护公益诉讼探索研究"，载《中国检察官》2021年第1期。
〔2〕 谢永江、李欲晓主编：《网络安全法学》，北京邮电大学出版社2017年版，第151页。

议从以下方面予以完善：首先，健全我国的民事公益诉讼机制，甚至是出台一部"专门的公益诉讼法"，对环境保护、革命烈士荣誉保护、个人信息保护等事项的立法原则、立法目的和理念方针等作出规定和规范指导，完善公益诉讼法律体系，增强公益诉讼的高效运用，为法治社会建设奠定基础。同时增加我国个人信息侵权后的救济途径，完善民事法律保护具体的责任规定。改进个人信息的保护方式，提升保护成效，最终建立有序的个人信息使用秩序。其次，加强政府对个人信息保护的监督管理，设立专门的监督管理机构，提升检察机关和行政机关的职能协调能力，更好地实现检察机关与社会组织的合作。最后，针对互联网时代的数据发展，进一步健全对信息控制者的治理，构建行业自律模式，保护个人信息的同时促进信息数据产业的健康发展。

参考文献

一、中文著作类文献

1. 刁胜先:《个人信息网络侵权问题研究》,上海三联书店 2013 年版。

2. 马民虎编译:《欧盟信息安全法律框架:条例、指令、决定、决议和公约》,法律出版社 2009 年版。

3. 郭瑜:《个人数据保护法研究》,北京大学出版社 2012 年版。

4. 涂子沛:《大数据》,广西师范大学出版社 2012 年版。

5. 周汉华:《个人信息保护法(专家建议稿)及立法研究报告》,法律出版社 2009 年版。

6. 洪海林:《个人信息的民法保护研究》,法律出版社 2010 年版。

7. 吕艳滨:《信息法治——政府治理新视角》,社会科学文献出版社 2009 年版。

8. 谢远扬:《个人信息的私法保护》,中国法制出版社 2016 年版。

9. 杨芳:《隐私权保护与个人信息保护法——对个人信息保护立法潮流的反思》,法律出版社 2016 年版。

10. 谢永志:《个人数据保护法立法研究》,人民法院出版社 2013 年版。

11. 齐爱民:《大数据时代个人信息保护法国际比较研究》,法律出版社 2015 年版。

12. 崔聪聪等:《个人信息保护法研究》,北京邮电大学出版社 2015 年版。

13. 齐爱民:《捍卫信息社会中的财产》,北京大学出版社 2009 年版。

14. 马特:《隐私权研究——以体系建构为中心》,中国人民大学出版社 2014 年版。

15. 黄志雄主编:《网络主权论——法理、政策与实践》,社会科学文献出版社 2017 年版。

16. 王秀秀:《大数据背景下个人数据保护立法理论》,浙江大学出版社 2018 年版。

17. 王秀哲等:《我国隐私权的宪法保护研究》,法律出版社 2011 年版。

18. 张文显:《权利与人权》,法律出版社 2011 年版。

19. 本书编写组:《大数据领导干部读本》,人民出版社 2015 年版。

20. 王忠:《大数据时代个人数据隐私规制》,社会科学文献出版社 2014 年版。

21. 郭瑜:《个人数据保护法研究》,北京大学出版社 2012 年版。

22. 蒋坡主编:《国际信息政策法律比较》,法律出版社 2001 年版。

23. 高富平:《大数据知识图谱:数据经济的基础概念和制度》,法律出版社 2020 年版。

二、外文译著类文献

1. 〔美〕阿丽塔·L. 艾伦、理查德·C. 托克音顿:《美国隐私法:学说、判例与立法》,冯建妹等编译,中国民主法制出版社 2004 年版。

2. 〔美〕达雷尔·M. 韦斯特:《下一次浪潮:信息通讯技术驱动的社会与政治创新》,廖毅敏译,上海远东出版社 2012 年版。

3. 〔英〕戴恩·罗兰德、伊丽莎白·麦克唐纳:《信息技术法》,宋连斌、林一飞、吕国民译,武汉大学出版社 2004 年版。

4. 〔美〕阿尔文·托夫勒:《第三次浪潮》,黄明坚译,中信出版社 2006 年版。

5. 〔美〕马克·波斯特:《信息方式——后结构主义与社会语境》,范静晔译,商务印书馆 2014 年版。

6. 〔德〕克里斯托弗·库勒:《欧洲数据保护法——公司遵守与管制》,旷野等译,法律出版社 2008 年版。

7. 欧洲侵权法小组:《欧洲侵权法原则——文本与评注》,于敏、谢鸿飞译,法律出版社 2009 年版。

8. 〔英〕洛克:《政府论(下篇)》,叶启芳、瞿菊农译,商务印书馆 1983 年版。

9. 〔美〕E. 博登海默:《法理学——法律哲学与法律方法》,邓正来译,中国政法大学出版社 2004 年版。

10. 〔英〕戴维·M. 沃克:《牛津法律大辞典》,李双元等译,法律出版社 2003 年版。

11. 〔美〕理查德·A. 斯皮内洛:《世纪道德——信息技术的伦理方面》,刘钢译,中央编译出版社 1999 年版。

12. 〔英〕维克托·迈尔-舍恩伯格:《删除:大数据取舍之道》,袁杰译,浙江人民出版社 2013 年版。

13. 〔英〕维克托·迈尔-舍恩伯格、肯尼思·库克耶:《大数据时代:生活、工作与思维的大变革》,盛杨燕、周涛译,浙江人民出版社 2013 年版。

14. ［德］卡尔·拉伦茨：《德国民法通论》，王晓晔等译，法律出版社 2003 年版。

15. ［美］亚历山大·米克尔约翰：《表达自由的法律限度》，侯健译，贵州人民出版社 2003 年版。

16. ［美］P. 诺内特、P. 塞尔兹尼克：《转变中的法律与社会》，张志铭译，中国政法大学出版社 2004 年版。

17. ［美］劳伦斯·莱斯格：《代码 2.0：网络空间中的法律》，李旭、沈伟伟译，清华大学出版社 2009 年版。

18. ［英］罗杰·科特威尔：《法律社会学导论》，潘大松等译，华夏出版社 1989 年版。

19. ［英］帕特里克·贝尔特：《二十世纪的社会理论》，瞿铁鹏译，上海译文出版社 2005 年版。

20. ［美］约翰·罗尔斯：《正义论》，何怀宏、何包钢、廖申白译，中国社会科学出版社 2014 年版。

21. ［美］丹尼尔·沙勒夫：《隐私不保的年代》，林铮颢译，江苏人民出版社 2011 年版。

22. ［德］乌尔里希·贝克：《风险社会》，张文杰译，译林出版社 2004 年版。

23. ［美］迈克尔·K. 林德尔、卡拉·普拉特、罗纳德·W. 佩里：《公共危机与应急管理概论》，王宏伟译，中国人民大学出版社 2016 年版。

三、论文类文献

1. 丁晓东："数据交易如何破局——数据要素市场中的阿罗信息悖论与法律应对"，载《东方法学》2022 年第 2 期。

2. 冯果、薛亦飒："从'权利规范模式'走向'行为控制模式'的数据信托——数据主体权利保护机制构建的另一种思路"，载《法学评论》2020 年第 3 期。

3. 甘勇："《塔林手册 2.0 版》网络活动国际管辖权规则评析"，载《武大国际法评论》2019 年第 4 期。

4. 季卫东："数据保护权的多维视角"，载《政治与法律》2021 年第 10 期。

5. 龙卫球："再论企业数据保护的财产权化路径"，载《东方法学》2018 年第 3 期。

6. 梅夏英："数据的法律属性及其民法定位"，载《中国社会科学》2016 年第 9 期。

7. 申卫星："论数据用益权"，载《中国社会科学》2020 年第 11 期。

8. 杨力："论数据交易的立法倾斜性"，载《政治与法律》2021 年第 12 期。

9. 张新宝："《民法总则》个人信息保护条文研究"，载《中外法学》2019 年第 1 期。

10. 邓志松、戴健民："限制数据跨境传输的国际冲突与协调"，载《汕头大学学报（人文社会科学版）》2017 年第 7 期。

11. 丁晓东："个人信息私法保护的困境与出路"，载《法学研究》2018 年第 6 期。

12. 冯洋："论个人数据保护全球规则的形成路径——以欧盟充分保护原则为中心的探讨"，载《浙江学刊》2018 年第 4 期。

13. 高富平："个人信息使用的合法性基础——数据上利益分析视角"，载《比较法研究》2019 年第 2 期。

14. 高鸿钧："德沃金法律理论评析"，载《清华法学》2015 年第 2 期。

15. 文禹衡："数据确权的范式嬗变、概念选择与归属主体"，载《东北师大学报（哲学社会科学版）》2019 年第 5 期。

16. 王成："个人信息民法保护的模式选择"，载《中国社会科学》2019 年第 6 期。

17. 许可："数据保护的三重进路——评新浪微博诉脉脉不正当竞争案"，载《上海大学学报（社会科学版）》2017 年第 6 期。

18. 许多奇："个人数据跨境流动规制的国际格局及中国应对"，载《法学论坛》2018 年第 3 期。

19. 张金平："欧盟个人数据权的演进及其启示"，载《法商研究》2019 年第 5 期。

20. 张平："大数据时代个人信息保护的立法选择"，载《北京大学学报（哲学社会科学版）》2017 年第 3 期。

21. 周汉华："探索激励相容的个人数据治理之道——中国个人信息保护法的立法方向"，载《法学研究》2018 年第 2 期。

22. 程卫东："网络主权否定论批判"，载《欧洲研究》2018 年第 5 期。

四、外文著作类文献

1. Ackerman B. A., *Social Justice in the Liberal State*, Yale University Press, 1981.

2. Wiant S., *Technological Determinism Is Dead*; *Long Live Technological Determinism*. MIT Press, 2008.

3. Bennett C. J., *Regulating Privacy: Data Protection and Public Policy in Europe and the United States*, Cornell University Press, 1992.

4. Bennett C. J., Raab C. D., *The Governance of Privacy*, MIT Press, 2006.

5. Brandeis L. D., *Other Peoples Money and How the Bankers Use It*, Kessinger Publishing, 2010.

6. Bygrave L. A. , *Data Privacy Law* , *An International Perspective* , Oxford University Press , 2014.

7. Pand R. , *Jurisprudence* (Vol. 3) , The Lawbook Exchange . LTd. Union , 2000.

8. Alan F. Westin, *Privacy and Freedom* , Atheneum Press, 1967.

9. Trilbe L. , *American Constitutional Law* , Foundation Press, 1988.

10. Bok S. , *Secrets: On the ethics of Concealment and Revelation* , Vintage, 1989.

11. Hildebrandt M. , Gutwirth S. , *Profiling the European Citizen* , *Cross-Disciplinary Perspectives* , Springer, 2008.

12. Turkington R. G. , Allen A. L. , *Privacy Law: Cases and Materials (Second Edition)* , West Group, 2002.

13. Solove, D. J. , *The Digital person: Technology and privacy in the information age* , New York University Press, 2004.

14. Savin A. , Trzaskowski J. , *Research Handbook on EU Internet Law* , Edward Elgar Pub , 2014.

15. Cohen J. E. , *Configuring the Networked Self: Law, Code, and the Play of Everyday Practice* , Yale University Press, 2012.

16. Davenport T. H. , Harris J. G. , *Competing on Analytics* , Harvard Business School Press , 2007.

17. Solove D. J. , *Understanding Privacy* , Cambridge, Mass: Harvard University Press, 2008.

18. Zweigert K. , Kotz H. , *Introduction to Comparative Law* , Tony Weir trans , Oxford University Press , 1998.

19. Flaherty D. H. , *Protecting Privacy in Surveillance Societies: the Federal Republic of Germany, Sweden, France, Canada, and the United States* , North Carolina University Press, 1989.

20. Solove D. J. , *The Future of Reputation: Gossip, Rumor, And Privacy On The Internet* , Yale University Press, 2007.

21. Kuner C. , *European Data Protection Law: Corporate Compliance and Regulation* , 2ed. , Oxford University Press, 2007.

22. Kuner C. , *Transborder Data Flows and Data Privacy Law* , Oxford University Press, 2013.

23. Miller A. R. , *The Assault on Privacy: Computers, Data Banks and Dossiers* , Michigan University Press, 1971.

24. Posner R. , *Economic Analysis of Law* , New York: Aspen Publishers, 2003.

五、外文论文类文献

1. Appela W. , "*Security Seals on Voting Machines: A Case Study*", Acm Transactions on information & system security, vol. 14, issue. 2, 2011.

2. Allen A. L. , "*Coercing Privacy*", William and Mary Law Review, vol. 40, issue 3, 1999.

3. Ambrose M. L. , Ausloos J. , "*The Right to be Forgotten Across the Pond*", Journal of Information Policy, vol. 3, 2013.

4. Anderson H. R. , "*The Mythical Right to Obscurity: A Pragmatic Defense of No Privacy in Public*", A Journal of Law and Policy for the Information Society, vol. 7, issue. 3, 2012.

5. Argenton C. , Pru¨Fer J. , "*Search Engine Competition with Network Externalities*", Journal of Competition Law and Economics, vol. 8, issue. 1, 2012.

6. Ausloos J. , "*The 'Right to be Forgotten' – Worth remembering?*", Computer Law & Security Review, vol. 28, issue. 2, 2012.

7. Ayenson M. D. , Wambach D. J. , Soltani A. , et al. , "*Flash Cookies and Privacy II: Now with HTML5 and ETag Respawning*", Available at SSRN 1898390, 2011.

8. Balboni P. , "*Data Protection and Data Security Issues Related to Cloud Computing in the EU*", Securing Electronic Business Processes – Highlights of the Information Security Solutions Europe Conference 2010, Vieweg+Teubner.

9. Bamberg K. A. , Mulligan D. K. , "*Privacy on the Books and on the Ground*", Stanford Law Review, vol. 63, issue. 2, 2011.

10. Bannon L. J. , "*Forgetting as a Feature, not a Bug: The Duality of Memory and Implications for Ubiquitous Computing*", Codesign, vol. 2, issue. 1, 2006.

11. Beaney W. M. , "*The Right to Privacy and American Law*", Law and Contemporary Problems, 1966.

12. Ben–Shahar O. , Schneider C. E. , "*The Failure of Mandated Disclosure*", University of Pennsylvania Law Review, vol. 159, issue. 3, 2011.

13. Bradshaw S. , Millard C. , Walden I. , "*Contracts for Clouds: Comparison and Analysis of the Terms and Conditions of Cloud Computing Services*", International Journal of Law & Information Technology, vol. 19, issue. 3, 2011.

14. Brandimarte L. , Acquistia A. , Loewenstein G. , "*Misplaced Confidences: Privacy and the Control Paradox*", Social Psychological & Personality Science, vol. 4, issue. 3, 2013.

15. Butler D. , "*When Google Got Flu Wrong*" , Nature, vol. 494, 2013.

16. Chapman N. S. , Mcconnell M. W. , "*Due Process as separation of power*" , Yale Law Journal, vol. 121 issue. 7, 2012.

17. Chhibber A. , Batra S. , "*Security Analysis of Cloud Computing*" , International Journal of Advanced Research in Engineering and Applied Sciences, vol. 2, issue. 3, 2013.

18. Chhibber A. , "*Security Analysis of Cloud Computing*" , International Journal of Advanced Research in Engineering and Applied Sciences, vol. 2, issue. 3, 2013.

19. Crawford K. , Schultz J. , " *Big Data and Due Process*: *Toward a Framework to Redress Predictive Privacy Harms*" , Boston College Law Review, vol. 55, issue. 93, 2014.

20. Ctron D. K. , Pasquale F. A. , "*The Scored Society*: *Due Process for Automated Predictions*" , Washington Law Review, vol. 89, issue. 1, 2014.

附　录

大数据在线案例库教学模式的理论基础与实践探索

随着我国《国民经济和社会发展第十四个五年规划和 2035 年远景目标纲要》和《"十四五"数字经济发展规划》的出台，我国高等教育势必面临数字化教育的重大改革。当前，大数据同高等教育的结合，已经带来了"教"与"学"的全线程革命。习近平总书记更是要求我们"用好大数据，增强利用数据推进各项工作的本领，不断提高对大数据发展规律的把握能力，使大数据在各项工作中发挥更大作用"。[1]特别是针对当前各法学院系法理学课程教学中"授而不新、学而不用"倾向、同质化现象、社会适应性不强等问题，各高校亟须以法学基础课程改革为突破口，以大数据教学模式来创新性地推动法学本科人才培养综合改革。为此，在各高校法学教育中，引入大数据在线案例库教学模式，实则是法学院系顺应时代发展的必然举措。

相较于传统法理学教学活动，大数据在线案例库教学模式更注重从案例大数据中获取第一手信息，并由学生自主推导、分析法理精神、法律概念、法律问题的本质，从中了解到法学理论与实践之间相互作用的过程。这也预示着，大数据时代的宏观理论教学，已经不能停留在照本宣科、填鸭式灌输等层面，而应当从社会科学（甚至是与自然科学相交叉）的角度上，逐步将大数据分析方法引入法学教育中。无论是对于老师还是对于学生来说，大数据在线案例库教学模式普及化应用的难点都不在于是否拥有足够的专业知识（如统计学知识、计算机知识），而在于如何"掌握大数

---

〔1〕　参见习近平："在中共中央政治局第二次集体学习时强调：审时度势精心谋划超前布局力争主动实施国家大数据战略加快建设数字中国"，载《人民日报》2017 年 12 月 10 日，第 1 版。

据分析方法与数据可视化应用，使大数据更好地为我们的工作与生活服务"。[1]因此，法理学教学活动离不开一整套大数据在线案例库教学模式的支持。本研究以广州大学法理学课程改革为对象，重点阐述了大数据在线案例库教学模式的基础理论、数据库的选择、法理学知识点的遴选以及课堂实践情况，由此揭示了"大数据+法理学教学"的全新模式和建设方向。

一、大数据在线案例库教学模式的理论基础

大数据在线案例库教学模式是在传统案例教学法的基础上，结合情境认知与建构主义教学观与大数据分析方法所形成的全新教学模式。因此，该教学模式的理论基础就包括以下三项。

（一）案例教学法

法学是一门实践性很强的学科，因而同案例教学法保持着紧密的联系，并"有助于锻炼法律职业所需要的技能和方法并加强分析、推理和表达能力"。[2]纵观各主要国家法学院系的案例教学模式，尤以美国的"案例教学法""法律诊所教育"以及德国的"鉴定式案例分析法"为代表。[3]在经过长期的建设与发展之后，我国的案例教学模式也初见成效，但也出现了"授而不新、学而不用"倾向、同质化现象、社会适应性不强等问题。随着大数据时代的到来，案例教学法正在面临更为严峻的挑战以及更为复杂的要求。首先，MOOC、翻转课堂以及在线课程从线上维度顺应了多样化案例教学的要求，却无法解决案例更新与交互式应用难题。[4]其次，大数据时代的法学教育，开始注重统计思维与法律思维的综合运用，力求获得法律问题的量化依据和价值依据。最后，伴随着智慧司法、数字

---

[1] 邬贺铨主编：《数据之道：从技术到应用》，中国科学技术出版社 2019 年版，第 119 页。

[2] ［美］艾伦·法恩沃斯著，［美］史蒂夫·谢泼德修订：《美国法律体系》，李明倩译，上海人民出版社 2018 年版，第 18 页。

[3] 王泽鉴："法学案例教学模式的探索与创新"，载《法学》2013 年第 4 期。

[4] 崔亚娟等：《中国影视产业发展与应用型人才培养创新机制研究》，中国广播影视出版社 2020 年版，第 134 页。

政府建设的不断发展，法学教育既需要增加数字法治建设的相应内容，又开辟出大数据教育、智能教育等全新的教育方法。上述挑战和要求无疑对法学教育、人才培养以及就业等各个方面，提出了更高的要求。因此，以大数据方法推进案例教学法的升级改造，是该教学法在数字化时代自我革新的必然方向。

（二）基于情境认知与建构主义教学观

作为教学工具的大数据在线案例库，深受案例情境和认知建构能力的影响。它主要依托"基于情境认知与建构主义教学观"的四要素（"4C/ID"模式）开展教学设计。所谓"基于情境认知与建构主义教学观"的四要素教学设计，是由荷兰开放大学的杰罗姆·范梅里恩伯尔（JeroenJ. G. Van Merriënboer）等学者所创设，主要适用于复杂学习情况下整体性教学模式的设计。它主要包括十个步骤：（1）设计学习任务；（2）编制评估工具；（3）排序任务类别；（4）设计支持性信息；（5）厘清认知策略；（6）确定心理模式和程序性信息；（7）设计支持程序；（8）明晰认知规则；（9）弄清前提知识和专项操练；（10）安排专项操练。[1]上述步骤按照目标的差异，可以交叉组合成学习任务、分任务练习、支持性信息、专项评价四种核心要素。目前，"4C/ID"模式已经广泛适用于医学、英语、护理学等领域的教学设计中。[2]随着大数据技术在法学领域中的逐渐普及，"4C/ID"

---

〔1〕 Jeroen J. G. Van Merriënboer, Richard E. Clark, Marcel B. M. de Croock. Blueprints for complex learning: The 4C/ID - model. 50 Educational Technology Research And Development, 2002（2）, pp. 39-61.

〔2〕 基于情境认知与建构主义教学观的四要素教学设计在各个研究领域的展开情况，参见 Daniel Michelle, Stojan Jennifer, et al. Applying four-component instructional design to develop a case presentation curriculum. Perspectives on Medical Education, 2018, 7（4）, pp. 276-280; Lisa Musharyanti, Fitri Haryanti, Mora Claramita. Improving nursing students medication safety knowledge and skills on using the 4C/ID learning model. Journal Multidisciplinary Healthcare, 2021, 14（5）, pp. 287-295; Mieke Vandewaetere, Dominique Manhaeve, et al. 4C/ID in medical education: how to design an educational program based on whole-task learning: AMEE Guide No. 93. Medical Teacher, 2015, 37（1）, pp. 4-20; 孟超、马庆林："基于在线语料库的法律英语词汇教学模型实证研究"，载《外语电化教学》2019年第2期；许燕、余晓云、肖焕新："基于四要素教学设计模式的护理教育学教学设计、应用及评价"，载《护理研究》2022年第12期。

模式同法学教育的结合正在逐步加快、加深。

本研究将"4C/ID"模式同案例教学法相结合，着重突出四要素的教学架构功能，构建起以大数据在线数据库为核心的法理学情境认知与建构主义教学模式。其中，"学习任务"要素的设计是对法理学基本理论教学目标的研讨，并将法理学课程的教学目标分解成不同的知识节点，并融合到学生们的任务组和专项练习中去。"分任务练习"要素可以根据法理学课程教学内容的差异，由老师发布不同的小组任务和专项练习任务。小组任务是在老师讲解完基本法理概念和知识点之后，由学生小组当场演练并展示成果的活动；而专项练习任务则是对小组任务的巩固和强化，通常情况下由学生单独完成，并通过小组内部讨论的方式加以完善（必要的情况下，可以向老师请教）。"支持性信息"要素包括"信息"和"程序"两部分。前者强调老师对教科书内容、背景知识、重点难点知识的阐述，并可以通过案例、讨论等方式呈现，以提升学生对知识节点的理解。后者则倾向于大数据平台的运用程序、法理学知识同大数据的交叉比对程序等过程性信息的使用。"信息"和"程序"的叠加，保证了学生动手能力和动脑能力的双向培养，有助于提升学生对知识点的记忆深度。"专项评价"是老师对学生掌握知识点情况的判断。通过"4C/ID"模式四要素的应用可以发现，"4C/ID"模式注重的是"如何应用这些知识解决实际生活中所遇到问题的能力"。[1] 它同案例教学法的结合，有助于改变法理学课程"以讲授方式为主"的不足之处，将老师从讲授者转变为学习的指导者，而学生则从知识点的接受者转变为"提炼者"，进而提升老师和学生的互动水平，加深学生对知识节点的理解和认识。

（三）大数据分析原理

大数据在线案例库教学模式在法理学课程上的应用，看重的是大数据在处理案件信息、分析信息和凝结信息等方面的巨大优势——大数据包含四个特征，即数量大（Volume）、速度快（Velocity）、类型多（Variety）、

---

〔1〕 曾祥、希建华主编：《教育技术与远程教育国际学者访谈录》，中央广播电视大学出版社 2011 年版，第 104 页。

真实性（Veracity）[1]——这些优势恰恰能够用极短的时间揭示法理问题的基本情况。因此，大数据在线案例库教学模式不仅超越了传统案例教学法的实践知识引入效果，还能够展示出法理问题的微观差异。近年来，各个法学院系不断摸索大数据与法学教育的结合问题，试图从技术引入中实现法学教育的革新。例如，清华大学法学院的"计算法学"专业、中国人民大学法学院针对法学专业学生开设的"大数据分析导论"课程、四川大学法学院开设的"计算法学"课程以及山东大学创设的"计算法学"系列课程。[2]在上述课程中，不乏大数据在线案例教学方法的介入和应用。有研究显示，部分高校法学院系已经在课堂上运用大数据教学的方式"整理案例，进行大数据分析"。其中，80%以上的老师认为大数据案例库"涵盖的案例数量多、地域广、时间跨度大，有利于学生对同类案件的裁判依据、争议点进行比较分析和总结归纳"；26.8%的学生认为"可明显提升学习效果比例"。[3]由此观之，大数据技术的引入，为法学课程变革带来了全新的思维模式和发展方向。

综观上述探索，国内各法学院系在使用大数据教学的方式上主要分为两种：一是将"大数据"作为法理学教学的主要内容，强调从大数据的本体出发，探究这一新兴事物对传统法学理论的影响。[4]它强调大数据本身的载体意义，而非方法论意义。因此，凡是涉及大数据的案例，皆可以成为大数据在线案例教学的内容。二是以既有的"在线案例库"为依托，教师和学生致力于从"在线案件库"的庞大数据中挖掘出某种兼具法律意义和统计意义的价值判断。在该教学模式下，大数据在线案例库实质上是用

〔1〕 参见［美］保罗·戴特尔、哈维·戴特尔：《Python程序设计：人工智能案例实践》，王恺等译，机械工业出版社2021年版，第22页。

〔2〕 参见张妮、徐静村："计算法学：法律与人工智能的交叉研究"，载《现代法学》2019年第6期；邓矜婷、张建悦："计算法学：作为一种新的法学研究方法"，载《法学》2019年第4期。

〔3〕 参见李敏、韩晓玥："大数据对法学教学模式的影响调查——以湖南省十所高校的问卷调查为基础"，载《高等教育研究学报》2019年第2期。

〔4〕 关于将大数据案例作为研究对象的相关研究成果，参见张玉洁、胡振吉："我国大数据法律定位的学说论争、司法立场与立法规范"，载《政治与法律》2018年第10期；曾彩霞、朱雪忠："欧盟对大数据垄断相关市场的界定及其启示——基于案例的分析"，载《德国研究》2019年第1期。

于传授大数据分析方法以及深化法学理论的工具。美国联邦大法官霍姆斯
（Oliver W. Holmes）早在 1897 年就提出，对于理性的法学研究而言，或
许研究文本的人在当下非常盛行，但从长远来看则属于统计学家和经济学
家。[1]可见，在追求精确化、客观化的道路上，未来的法理学教学离不开
大数据分析的支持。但鉴于上述两种教学方式的显著差异，本研究将教学
改革的重心置于后一种类型（"法理学问题的大数据分析"）上。

二、基于大数据在线案例库的法理学教学模式构建

在法理学教学中引入大数据在线案例库教学模式，应当关注数据库的
选择、教学步骤的设计以及教学评价体系的建构，并"充分利用互联网和
数字技术，把法律教学资源电子化、数字化，建立智慧法学教育案例资源
库"，[2]为该教学模式的具体实施打下基础。

（一）大数据在线案例库的选择

大数据在线案例库教学模式旨在充分挖掘互联网上的大数据资源，高
效利用当前海量的裁判文书、立法文件、执法文书，对有限的教科书内容
加以扩展。实际上，大数据在线案例库教学活动可以以"北大法宝"、中
国裁判文书网、国家法律法规数据库、法律门数据库、WestLaw、无讼、
元典、法信、律商等平台为数据库支撑，并注重上述平台案例资源的整合
与使用方法传播。这些大数据平台已经为各法学院系引入大数据分析方法
打好了基础。例如，"北大法宝"数据库的"关键词"搜索功能，实际上
已经做好了非结构化数据、半结构化数据的结构性转化。每一个案件都会
被划归到"类案"中加以展示，从而为老师和学生提供全面、可视、量化
的数据检索结果。这也使得本教学改革活动首选的数据库是"北大法宝"
数据库。

"北大法宝"数据库是由北京大学法律系"计算机辅助法律研究课题
组"于 1985 年建立，之后由北京大学法律人工智能研究中心与北京北大

---

[1] See Oliver W. Holmes, The Path of the Law. 10 Harvard Law Review, 1896-1897 (8), pp. 457-478.
[2] 杨宗科："论'新法学'的建设理路"，载《法学》2020 年第 7 期。

英华科技有限公司联合研发，共同推出的智能型法律大数据检索系统。当前，"北大法宝"数据库已经涵盖了包括司法案例库、法律法规库、行政处罚库在内的 10 个通用数据库，基本涵盖了大数据在线案例库教学所需要的基础数据。[1]选择的主要理由在于：（1）"北大法宝"数据库本身已经集合了大量的裁判文书、立法文件、执法文书，属于综合性的数据库，数据样本量充足，涵盖面广，极大地降低了师生更换数据库过程中的学习成本。（2）该数据库是法律领域的专业性数据库，对法律概念、法律问题以及法律特点的把握较为准确，更容易匹配法理学课程的教学难度和教学进程。（3）该数据库的检索界面和检索方法已经完成了结构化处理，有助于师生开展大数据检索和分析活动。因此，"北大法宝"数据库可以作为大数据在线案例库教学模式的主要数据库。同时，鉴于法理学课程的抽象性和庞杂性，开展大数据在线案例库教学还可以引入中国裁判文书网、West-Law、无讼、元典、法信、律商等数据库，从而让学生获得全面的数据样本和认识。

　　由于"北大法宝"数据库的全面性优势，大数据在线案例库从概率层面已经跳过了数据库的选择问题，而直指数据库的输出效用。从"北大法宝"数据库的实际操作情况来看，法理学课程教学活动应当从以下三个方面强化大数据在线案例库的输出效用：一是从案例语境的大数据分析下引出法理问题。教科书中的概念和争论，往往是建立在法理的经典性观点、共识性观点基础之上的。这会导致教材知识点拓展的同质化难题，甚至在一定程度上约束了学生的创新能力。[2]由于缺少了立论环境和专业知识的支持，学生们对法理问题的思考深度极其有限，甚至是直接等待老师的见解。因此，在大数据在线案例库教学模式下，积极引入案例语境，围绕案例语境构建起法理问题的整体社会环境，有助于学生获得全面、客观的背景认知。二是从法理词汇的数据变化中明晰其发展脉络。面对社会经济文

---

〔1〕　该数据信息来自"北大法宝"数据库的"内容产品"版块，载 https://home.pkulaw. com/serve? name＝%E5%86%85%E5%AE%B9%E4%BA%A7%E5%93%81，最后访问日期：2022 年 9 月 12 日。

〔2〕　参见石鸥：《教科书概论》，广东教育出版社 2019 年版，第 36 页。

化等语境影响要素的不断变化，立法文本、司法案件中的同一法理词汇也会产生不同的语义、用法以及表现形式。案例库中的词频检索、语词比较以及语词用法等事项，均可用于法理学课程教学活动。三是从相近词汇的大数据比较分析，明晰特定法理概念的核心意义。法理概念是串联起整个法理学体系的主线。单单凭借课堂讲授和课本背诵，很难让学生明白其法律含义。尤其是面对一些"相近似"的法律概念（如法的制定章节中的依照、按照、参照等），就需要引入大数据在线案例库，以细化近似概念的微观差异。综上，由于当前"北大法宝"数据库、中国裁判文书网等平台的建立，大数据在线案例库教学模式的设计可以化繁为简，直接运用已有的数据库资源即可。只是在数据库的选择和应用上，应当围绕法理学课程教学活动的实际效用展开。

（二）大数据在线案例库教学模式的步骤设置

现代法理学课程的重要转向就在于大量信息的获取与决策，从而为抽象的法理精神提供全面、客观的证据支撑。其深层逻辑是以"客观所见"代替"主观感受"，进而将基于文本主义的法理感性认知提升为基于大量信息获取与决策为驱动的可视性法理认知。因此，基于大数据在线案例库教学模式所带来的"教学模式改革"，与其说是大量案例的经验性印证，不如说是法理认知的量化表达。这也意味着，法理学教学需要通过师生双方通过"挖掘与洞察复杂数据背后存在的联系与规律而实现精准决策"。[1]基于上述教学理念和教学实践，本研究设计出了"大数据在线案例库教学步骤"。

大数据在线案例库教学模式的具体实施步骤如下：（1）按照知识点的讲解进度，明确课程的教学目标，简单介绍本知识点的重点、难点。（2）讲解《法理学》教科书中的知识点，明确该知识点所涉及的相关法理概念、法理精神和法理问题。在学生的脑中初步建立起知识点的相关知识框架，为后续的小组任务和专项练习任务打下基础。（3）按照法理学课程的预先分组，每组分配相同的任务。各组在"北大法宝"数据库等大数据平台中

---

[1] 冯强："基于数据的多主体协同教学改进循证决策模型建构与应用"，载《上海教育研究》2022年第5期。

检索知识点相关的法律概念。检索内容包括（但不限于）词频、用法、语境、近义词、观点等，并作出系统性分析和总结汇报。（4）授课老师对每组学生的汇报进行简要评价，并指明各组继续开展检索、分析的方向。（5）教师根据各组学生的汇报，重点讲解各组学生分歧较大的内容，并结合知识点再次强调、巩固重点难点内容，并布置专项练习任务。（6）各预设小组成员需要在完成专项练习任务的基础上，来进一步完善小组任务，由组长作出总结汇报。（7）由授课老师作出最终评价和总结。

（三）课堂教学评价体系的建构

基于大数据在线案例库教学模式的互动式授课方式，法理学课程的评价机制必须与之相适应。其评价核心不仅应包括静态、标准化、量化的评价机制，还应当关注学生个体的能力提升与知识扩展，将学生自主发展和方法习得纳入评价范围中，从而搭建起一套完备的大数据在线案例库教学评价体系。

（1）根据案例教学法的过程性特点，建立起大数据在线案例库教学模式的教学评价体系。该体系应当由学习自主性、学习能力以及学习成效三大部分构成，并采用诊断性评价、形成性评价和总结性评价相结合，质性评价与量化评价相统一的评价机制，从而客观、全面地获知学生学习法理学课程的实际成效。尤其在课堂教学评价指标的选择上，应搭建"口授+研讨"相结合的教学评价指标体系，明确鼓励创新、允许差异和数据说话的评价理念，突出学生学习进程、分析运用能力以及表达能力的综合评价，改变考试结果为重的结论性评价模式。因此，应将大数据在线案例库教学模式的动态适用过程、小组活跃度、学生参与度、理解与创新情况、汇报与出勤率等多方面评价指标以及期末测试评价指标，作为课堂教学评价体系的一级指标。围绕上述一级指标，按照课前准备情况、课堂表现情况以及课后实践情况构建二级指标。值得注意的是，大数据在线案例库教学评价体系的指标权重设计，应当降低期末测试评价指标的权重值，同时提高诊断性评价、形成性评价的相应权重。

（2）建立大数据在线案例库教学质量评价量表。该评价量表以学生为评价对象，对整个教学过程进行评价。其结构框架以教学活动中学生的表现、学习效果为主体，包括案例选取的质量、自主学习能力、小组协作能力、学习态度和学习效果5个维度，并按照5个维度各设计了5个具体条目，用于测算学生的学习成效。在评价量表使用前，要检测该量表的内在一致性，即对评价量表的信度和效度加以检验，以提升该评价量表的客观性和标准性。同时也要注意，评价量表仅仅是课程教学评价体系的工具之一，它具有学科性、领域性和变动性。因此在大数据在线案例库教学过程中，老师需要关注教学实践样本量，适度地调整评价量表，以提升评价量表的科学性。

三、法理学知识点的提炼

知识的节点化分布，是知识网络研究中的共识。而 "知识网络资源是一个相互联结的节点之网，装载了分散在一个较大空间中的资源集"。[1] 同理，知识节点也是法理学知识网络的基本构成单位，并在大量案例中得到具体展现。按照这一逻辑，大数据在线案例库教学模式的展开，需要同法理学知识网络以及各个知识点之间建立起稳定的联系，从而实现理论与案例（实践）的结合式教学。但法理学知识点的提炼，仍应当遵循以下路径和方法。

（一）建立知识点分层剖析路径

从各法学院系近十年法理学课程的教学情况来看，《法理学》教材的选用集中在两本：一是全国高等学校法学专业核心课程教材《法理学》；二是马克思主义理论研究和建设工程重点教材《法理学》。但两本教材的内容差异不大。尤其是可以采取案例教学的章节，知识点的差异性更小。因此，法理学课程知识点分层剖析的路径可以采取同一路径，详述如下。

第一步，明确知识点和大数据在线案例库的对应节点。目前，《法理学》教材的知识点大体上分为三类：一是介绍性知识点。该类知识点集中在 "导论" 一章、"法的概念与本质" 前三节。二是历史过程性知识点。该类知识点集中在第三章、第九章至第十二章。三是基础概念与辨识类知

---

〔1〕 赵蓉英编著：《信息计量分析工具理论与实践》，武汉大学出版社 2017 年版，第 51 页。

识点。能够同立法例、司法案例以及执法案例相对应的知识点，就集中在第三类知识点。教师应当预先做好每一章节知识点的梳理，并按照知识点的难易程度分派好授课重点、难点知识，从而提高授课效果。这一阶段，可以理解为课前准备阶段。主要由教研室负责该门课程的老师共同完成。在每个知识点的选择与明确上，老师应当预先按照大数据在线案例库教学模式的要求，先行检索、搜集相关案件。其目的在于保证知识点具备大数据分析的可行性。

第二步，把知识点从大数据平台中提取出来。老师的任务不仅仅是筛选教材中的知识点，还应当帮助学生区分教学内容和案例大数据中的教学材料。通常情况下，案例大数据中的教学内容可以分为两种区分类型：一是直接摘录。这部分案例大数据能够直接呈现法理学教材中的知识点，因此提取知识点的过程就是摘录过程。例如，法理学教材中直接呈现的法理概念、法律符号甚至法律事实等。二是归纳概括。[1]前文已述，大数据在线案例库的重要原理之一就是归纳整合逻辑。这类材料需要经过学生和老师的归纳、概括、整合，才能从海量的案例大数据中提取相应的知识点。其归纳过程能够有效提升学生的归纳、整合能力，有助于学生了解该知识点的内涵和外延。在某些情况下，学生需要在老师的指导下完成大数据案例中的知识点提取。

第三步，推进知识点的细化和延伸。在完成课程教学目标的基础上，法理学教材的知识点可以按照学生的兴趣进一步细化。换句话说，在大数据在线案例库可支持的范围内，老师可以按照学生的学习能力和兴趣开拓出更深一层的知识点。这不仅是对教材内容的充实，更是提升学生"深度学习"能力的重要措施。[2]但在教学实践过程中，教师应当关注不同学生对知识点"深度学习"的接受程度，必要时可以指导学生回归到案例大数据

---

〔1〕 参见周越、徐继红："知识点提取——教学内容的微分析技术"，载《电化教育研究》2015年第10期。

〔2〕 关于深度学习能力的讨论，参见 ［加］迈克尔·富兰、乔安妮·奎因、［新西兰］乔安妮·J. 麦凯琴：《深度学习：参与世界，改变世界》，盛群力、陈伦菊、舒越译，机械工业出版社2020年版，第169页。

的"摘录""归纳"环节。如此循环往复，适度推进知识点的"深度学习"。

（二）明晰法理学知识点的节点化引入方法

传统的法理学教科书以及课程教学活动，虽然具备内在的知识网络特性，但在课程安排（如每周 2 节课）上，仍是按照知识节点的认知模式来展开教学的。这恰恰同大数据在线案例库教学模式的关键词检索、大数据样本提取以及信息比对不谋而合。试想一下，我们在"北大法宝"数据库检索"盗窃罪"的相关案例时，总是倾向性地输入"盗窃""入室盗窃""公开盗窃""多次盗窃"等词汇。这些词汇就是法理学知识网络中"法律行为"的经典写照。而上述词汇在案例数据库中的多重变化，也同"法律行为"章节的"合法行为与违法行为"以及"广义违法行为和狭义违法行为"两个知识点相互印证。因此，在大数据在线案例库教学模式中，老师可以按照知识节点的差异，引入不同的案例大数据，通过"任务驱动""问题解决"的方式来设计学习活动的主线。[1]即便引入的案例大数据同其他知识节点有所交叉，也恰恰能够证明两个知识节点之间的细微联系。由此可以发现，在不改变当前法理学课程教学模式的情况下，嵌入式地增加大数据在线案例库教学模式，有助于深化学生对单个知识节点的认识，并且不影响法理学知识网络的整体性架构。

在上述教学理念的基础上，当前的法理学教学活动，可以在阶段性课程任务中作出调整，将"知识节点"作为法理学教学内容的微观单位，并同大数据在线案例库进行对接。课题组通过检索"北大法宝"数据库，已经收集到 210 个知识点。其内容涵盖了法理学教科书的每个章节。从"知识节点"的收集与对接情况来看，法理学教学活动需要关注的知识节点引入方法，主要包括三种情况：一是涉及司法领域关系密切的知识点，案例数据较多，大数据分析较为容易。例如，通过"北大法宝"、中国裁判文书网等平台都可以获取到司法案例。相反，涉及立法、执法领域的案例数据较少，需要综合使用国家法律法规数据库作为补充。二是涉及历时性知

---

〔1〕 参见郝伟：《大数据时代下信息化教学的实践与应用》，北京工业大学出版社 2019 年版，第 112 页。

识节点的大数据分析难度较大，目前只能以数据库本身的收集时限为界展开分析。因此，对于时间跨度要求不高的知识点，可以通过"北大法宝"、中国裁判文书网等在线数据库来开展教学活动。三是受到结构化大数据分析方式的影响，大数据在线案例库教学模式无法系统性地体现知识点之间的关系。因此可以说，大数据在线案例库的最大优势在于理论联系实践，通过实践深化理论知识。[1]但它无法超越知识节点自身的限制。由此观之，大数据在线案例库教学模式的节点化引入方法同大数据分析方法之间保持了紧密的联系（或相互限制）。这导致大数据在线案例库教学模式的教学目标只能是单向性的，即单知识点的即时性、深度化理解。值得庆幸的是，"各种各样的教学方法并不是孤立存在的，而是相互渗透、相互影响、相互促进的共同体，其最终的目的都是教学效果的提升与教学目标的实现"。[2]打造全面、整体的知识网络从来都不是大数据在线案例库教学模式的教学目标，而引入的其他教学模式，也不会受到大数据在线案例库教学模式的排斥。

（三）围绕法理学知识点的配套建设

大数据同法学教育的结合，是当前高校教育改革的重要方向，主要解决新文科背景下交叉人才如何培养的问题，是推进高素质人才培养的基本方法之一。当下，要实现法理学课程与大数据技术的深度结合，需要做到以下两点。

一是要围绕法理学知识点做好师资训练，培养兼具大数据分析技术和法学理论知识的老师。由于大数据教学是近些年才兴起的新型教学方法，法学院系的老师往往缺乏足够的大数据分析素养。在大数据在线案例库教学模式的引入下，必须预先对法理学课程的授课老师开展大数据分析方法的常规训练。通常情况下，授课老师应当明晰大数据分析的基本原理，掌握"北大法宝"案例库等大数据平台的各项功能。必要的情况下，可以邀

---

〔1〕　唐波等编著：《法学实践教育模式研究与创新》，上海人民出版社 2020 年版，第 43 页。
〔2〕　段知壮："案例辩论模式在法理学教学中的运用路径探索"，载《法学教育研究》2021年第 4 期。

请计算机领域的老师，为授课老师进行大数据分析与案例库应用的相关培训。

二是要围绕法理学知识点做好软硬件设施的配套建设。大数据在线案例库教学模式主要依托两种设施：数据库和计算机。前者属于软件设施，可以区分为公用数据库和商用数据库两类。其中，"北大法宝"数据库、Westlaw 等商用法律数据库的使用，需要购买后才能登录。而中国裁判文书网、国家法律法规数据库等数据库，属于国家机关建立的公共数据库，仅需注册即可使用。为此，上述大数据在线案例库教学模式的实践应用，需要高校采购部门或者法学院系采购后才能够在教学活动中使用。除此之外，大数据在线案例库教学模式需要学生普遍配置计算机之类的数据库访问设备（也可以用手机替代）。对于一年级新生而言，普遍配置计算机较为艰难。所以，有条件的学校可以结合多个人文学科，共同建立社会科学实验室，共享计算机设备，以解决先进技术设备的需求难题。

四、大数据在线案例库教学模式的教学实践与效果分析

（一）研究对象

本次研究的参与者包括广州大学的三名法理学授课老师及其所授课的三个法理学教学班。上述三名教师，均有博士学位，并有五年以上《法理学》本科生课程和研究生课程的教学经验，专业知识扎实，能够熟练运用各种大数据平台。而参与两轮教学实验的学生均来自本科一年级，班级人数分别为 42 人（对照组 1）、42 人（对照组 2）、42 人（实验组）。由于上述三个班均为本科一年级新生，因此对照组和实验组的学生知识储备相近。被试课时均为每周 4 学时，共计 16 周课程。在考核机制上，为了保证测试的科学性和公正性，对照组和实验组使用同一套试卷，采用闭卷方式考试。

（二）研究工具

为了推进大数据时代法学教育的革新，课题组选取广州大学《法理学》课程作为研究科目，并依托两种研究工具开展本次教学改革活动：

（1）以《法理学》（"马克思主义理论研究和建设工程重点教材" 2020 年版）为主要教材。该教材为国内多数法学院系的通选教材，普适性较好且难度适中，因此适宜作为法学本科生开展法学理论学习的材料要求。（2）以"北大法宝"数据库的超大数据量为数据库依托，通过案例数据更新与交互式应用，推动法理学课程教学改革活动。在案例选择上，对照组采用传统的案例授课模式，实验组则采用"北大法宝"数据库。

课题组通过比较大数据在线案例库教学模式同传统案例教学模式之间的差异性，着力提升大数据在线案例库教学模式的有效性、普适性，大力推进大数据技术与法理学基础知识的深度结合，发挥大数据技术在法理学教学中的开拓性作用，"让全国最优质的司法资源第一时间转化为教育资源"。[1] 在"北大法宝"数据库的支持下，大数据在线案例库教学模式能够有效地改善传统案例教学法中的案例老旧、滞后等弊端，并以在线案例库的更新带动法理学基础知识与课程教学内容的更新，提升理论课程的实践价值，提高学生的法学理论认知能力和应用能力，推动法学本科人才培养模式的综合改革。

（三）研究过程

为了进一步保证教学实验的效果，本研究在正式教学之前，先行组织实验组学生开展大数据在线案例库的培训。培训的主要内容是让学生了解案例库的各项功能并调配学生的学习设备，时长为 1 小时。根据教学活动的安排，整个研究周期划分为三个阶段：第一阶段为 2021 年 7—8 月。主要事项是对数据库内容的熟悉以及对教材知识点的梳理。第二阶段为 2021 年 9—12 月，主要事项是按照教学安排，依据大数据在线案例库教学模式和既定授课计划，结合三组被试的实际教学情况，了解实验具体进展。第三阶段为 2022 年 1—5 月，由三位授课老师总结三组被试的课堂表现和考评结果，得出质性结论。

---

〔1〕 郭玉军、李伟："创建中国法学教育三个'世界一流'的实践与愿景"，载李双元主编：《国际法与比较法论丛（第 25 辑）》，武汉大学出版社 2019 年版，第 231 页。

（四）研究结果

对照组采用传统的口授式教学模式，强调法理学基础知识的内涵、外延以及历史传承的讲解，让学生更容易理解法理学基础知识的核心意涵——这种教学模式，通常也被视为法学教育的典型模式——同时，对照组的老师也采用"案例教学法"引入法理学经典案例。例如，在"法律权利"章节中引入"洞穴奇案"；在"法律渊源"章节中引入"秋菊打官司"片段；在"法与人权"章节中引入"齐玉苓受教育权案"；等等。上述对照组的案例教学模式通常以法理问题为出发点，并以案例分析驱动法理认知，最终实现宏观理论的微观化、可视化以及具象化。其优点在于，它能够将宏观的理论假说，通过案例比较、情境带入等方式，实现法学理论的降维传递。由此可以将这种案例教学模式归结为"演绎型教学模式"。[1]值得注意的是，在对照组，授课老师是法学理论与案例之间的媒介或支点。这使得对照组的教学活动具有强烈的中心化倾向，学生难以充分培养独立思考、独立使用法学理论的能力。

实验组更加强调从大数据在线案例库中总结出法理问题，以实现大量具象化案例的抽象化、共识化转型（在此称之为"归纳型教学模式"）。[2]在该模式下，尽管实验组在使用大数据在线案例库过程中，也会将《法理学》教材中的知识点作为出发点。但案例（库）在演绎型教学模式和归纳型教学模式中扮演的角色却有着明显差异：对于演绎型教学模式而言，法理知识点往往作为一种先验理论和认识对象。引入案例的目的在于以案例的具象化特点来消除抽象理论的理解难题，其实质是以案例解释理论。而在归纳型教学模式中，法理知识点处于一种待验证的状态。而验证的过程不在于"引入案例"，而在于从案例大数据中分析出法理精神的变化，进而抽离出法理知识点。因此在研究过程中，实验组往往以大数据在线案例库为基础，着力对半结构化案例数据和非结构化案例数据开展定量分析和

---

〔1〕 陆建生、高原、陈展编著：《微格教学理论及实践》，科学技术文献出版社 2018 年版，第 155 页。

〔2〕 边文霞主编：《本科教学模式与大学生学习能力、就业能力关系研究》，首都经济贸易大学出版社 2012 年版，第 67 页。

定性分析，[1]以区分法理学的核心知识体系与边缘知识体系，并厘清法理学知识的横向差异，明晰案例内部法理精神的发展脉络。在这一过程中，授课老师居于法理学授课的辅助性地位，学生成为课程开展过程中的主体。而且，通过大数据在线案例库中不同案件的比较分析，不同的学生可以获得不同的数据支撑和案例支持，从而衍生出自己对法理问题的观点。最后由老师来进行验收和点评。可以说，大数据在线案例库是一个可供学生自主开拓的法律宝库。学生从中获得何种价值判断，由其自身的检索方法、案例遴选方法以及数据统计方法来决定。值得注意的是，在大数据在线案例库教学模式中，学生们开展大数据分析的能力表现出一定的差异性。虽然学生们的综合分析能力在总体上呈现提升态势，但仍有部分学生有待进一步提升自身的归纳分析能力。

五、讨论

大数据时代对高等教育法理学教学活动提出全新的挑战：从基础理论的抽象化教学转向知识点的实践性运用。尤其在大数据在线案例库的引入下，法理学课程应当在宏观性、体系化教学目标的基础上，明晰法学理论与部门法、理论与实践、法理与社会之间的微观关系，并对法理学知识点开展分层剖析，以大数据在线案例库来深化学生的知识习得能力，"培养他们的法律人才素养，熏陶他们的法治精神"。[2]因此可以说，大数据在线案例库教学模式是传统法理学教学模式转向现代法学教学模式的重要节点。其价值是回应大数据时代法学人才的新需求、新挑战，并将传统的抽象性法理学教学模式逐步推向思辨性、实践性教学模式的桥梁和媒介。

作为大数据时代"法学+"的重要探索，当前的大数据在线案例库更多的是在已有法律数据库的基础上，培养学生掌握归纳方法、大数据分析方法，"借助法律大数据与人工智能技术的高智能性和强大的科技渗透性

---

[1]　关于半结构化数据、非结构化数据以及结构化数据的讲解，参见李海生主编：《知识管理技术与应用》，北京邮电大学出版社 2012 年版，第 12–13 页。
[2]　李腊生、赵兴、李卫东主编：《传承与创新：教育教学改革探索》，武汉出版社 2011 年版，第 144 页。

赋能传统法学转型、改造与升级"，[1]并推进法理学基础知识的理解深度和运用广度。因此，在大数据在线案例库教学模式改革上，应当兼顾案例库使用的高效性和开放性。这就要求法学院系围绕法理学知识点做好案例库的建设以及案例的遴选。这是因为，由于法理学课程多是在一年级的第一学期开设，学生们很难理解抽象的法理概念。因此，大数据在线案例库教学模式并不适宜采用疑难案件作为案例样本，[2]而应当采用具有普遍意义、典型意义的案例。首先，案例大数据的选择，一定要能够反映出法理学教材中的核心问题，并能够反映真实生活样态。这是因为，大一学生对生活的认知明显强于对抽象法理概念的认知。以生活化的案例大数据以及微观案例分析，来提升大一学生对法理学知识点的认知水平，更能够在他们脑海中引发共鸣。其次，在案例大数据分析过程中要尽量叠加类案分析方法，增进学生对该知识点的记忆，并从类案中抽离出法理知识点。这样既能给学生带来直观的法理感受，还能带来微观、动态的知识体验。最后，在案例大数据分析的基础上，辅之以经典案例作为对比。例如，通过大数据在线案例库的分析，学生就能够感受到司法中所体现的公平正义。同时，增加美国的里格斯诉帕尔默案（Riggs v. Palmer），[3]以感受法理所带来的力量。这些经典案例，可以由授课老师预先作出相应的案例集，并提前同法理学知识点进行对接。

然而，大数据在线案例库教学模式的实施，当务之急仍是要解决好大数据分析、在线案例与法理学教材的融合问题。在明确教学目标的前提下，利用高新技术手段来革新法理学教学的整体环境，的确能够在一定程度上解决传统法理学教学"授而不新、学而不用"、高度同质化等问题，并能够运用客观化、实践性的思维方式转变传统理论化、口授式教学方

---

〔1〕 王禄生、王爽："大数据与人工智能法学方向研究生人才培养模式探索——基于东南大学的'三元融合'教育实践"，载《法学教育研究》2021年第2期。

〔2〕 除了学生的接受能力和知识储备，疑难案例教学法还可能面临法律的规定性冲突问题，所以不适宜作为大一学生教学时的案例样本。但也有学者认为，疑难案例能够让学生掌握更深层次的法理学基础知识，有助于培养学生的思考能力。参见资琳、刘萍："论新文科建设背景下法理学课程体系的改革——以疑难案例分析为切入点"，载《法学教育研究》2021年第4期。

〔3〕 115N．Y．506, 22N．E．188（1889）.

式，进而提升理论课程的教学效果。但大数据在线案例库教学模式落实在具体实施环节时，还需要建立相配套的软硬件设施、案例库与案例集的结合以及完善的课堂教学评价体系等。它们彼此之间的互动配合，才能形成一整套完备的"法学+大数据"教学模式。而且，法理学教学不同于部门法教学，其在课堂教学活动中既要考虑大数据在线案例库教学的量化特征，还要兼顾法律学科的人文关怀，[1]将社会主义核心价值观等价值观念引入教学环节。[2]要让学生认识到，大数据分析的结果只是让抽象的法理知识生动化、可视化，并非法理知识的全部。法理知识的习得，仍要兼顾国家与社会的关系、道德与法治的关系等事项来综合判断。综上所述，虽然当前的大数据在线案例库教学模式仍有许多问题有待解决，但在法理学课程教学中引入大数据技术已经势在必行。

---

〔1〕 在美国批判法学运动学者对法律现实主义的批判中，就提出了现实主义法理学教育缺乏人文关怀的判断，并认为这种教育模式会导致学生们无法明晰抽象的价值概念。参见徐晨：《在法律帝国中追问合法性问题》，上海交通大学出版社 2018 年版，第 30-31 页。

〔2〕 参见孙光宁："社会主义核心价值观的法源地位及其作用提升"，载《中国法学》2022 年第 2 期；张玉洁、张婷婷："社会主义核心价值观融入党内法规学科体系建设路径研究"，载《黑龙江政法管理干部学院学报》2021 年第 3 期。

关键词索引

后 记

　　关于数据法的研究，源自人工智能法学理论的思考。虽然两者存在紧密的联系，但确实又不是一回事。尤其是作出科技法学的"人工智能—数据—算法"三分法判断之后，我便在"人工智能法学"的研究方向上进一步细化出"数据法"的研究方向。值得庆幸的是，这一细化方向是正确的，因此也少走了很多弯路。相比于方向上的正确性，观点上的弯路却没少走，以至于再回头阅读之前的文章时，总对自己舍近求远的"弯路"后悔不已。也许很多师友已经发现了我的这一缺点，纷纷提醒我"要慢下来"。所以，在本书稿拟订与修改过程中，框架的体系化、观点的体系化、思想的体系化被置于首要的位置；"慢工出细活"也让我感受到不同的数据法，也为自己的懒惰找到了冠冕堂皇的理由。

　　本书的撰写，围绕当前数据法领域的核心问题来展开。它包括了数据所有权、数据资源交易规则体系、数据安全和监管、医疗领域的数据流通、个人信息类数据保护等。这些只是我国众多数据法研究领域的一角，本书也仅做"抛砖引玉"之用。例如，曾经有朋友就针对我的数据法观点提出批判，认为"国家所有"太过于激进，同国际数据流通趋势不相符。我欣然接受，并言明"只是一个理论探索"。我相信正是这样的争论，大量的理论争论，才或多或少且不断地推动着中国法治建设的进步。我们要做的，是作为建设者，不断地为国家法治建设排忧解难。

　　在成书过程中，也受到诸多师友的帮助。马长山教授指导我打开了"格局"，尽管我至今尚未能领悟其深意之一二；汪全胜教授指导我技术性思维（甚至是立者思维），让我紧扣社会问题来反思法律命题；张振国教授为我打下了基础。说实话，"要有价值关怀"这句话，我仍在努力理解，但肯定未能做到。此外，我与高敏律师、李佳文律师、王永贤律师、窦馨媛律师等，亦师亦友。在成书过程中，他（她）们从不同方向上为我提供了重要帮助，也令我对数据法的认识更加深刻。在此表示感谢。

本书的出版，得益于 2022 年度国家基金出版项目"新技术法学研究丛书"的支持。该丛书由中国政法大学原副校长张保生教授和北京交通大学法学院副院长郑飞副教授联合主编，中国政法大学出版社牛洁颖主任、崔开丽老师、阳杰老师编校。整部著作的选题敲定、书稿遴选、章节拟定以及编校，都倾注了各位老师的大量心血。在丛书编写过程中，我有幸认识了数据法学界的多位青年才俊（戴曙法官、肖梦黎博士、付新华博士、熊晓彪博士等），并给予我诸多指导。在此表示感谢。

本书的撰写得到 2024 年广州市高等教育教学质量与教学改革工程项目"人工智能法学课程群教研室"提供的平台支持。

感谢我的家人。

张玉洁

2024 年 12 月 1 日

于广州大学